Introdução à Programação Científica

Trabalhando com MATLAB®, Scilab e Python

Prof. Dr. Vinícius G. S. Simionatto
Prof[a]. Ma. Layse Freitas Boere de Moraes

Data de Lançamento: *07/2022*
Versão: *2022.07.12.5*
Edição: 1ª

ISBN: 978-65-00-48773-2

Revisão: Izabel Miki Matsuguma

Esta é uma iniciativa da Zweistein Academy
Zweistein - Dinâmica e Vibrações
Jundiaí - SP, 2022

Créditos de foto de capa: Backend photo created by pressfoto - www.freepik.com.
Disponível em: https://www.freepik.com/photos/backend

Introdução à Programação Científica

[illegible]

Prof. Dr. [illegible] C. S. [illegible]
[illegible]

[illegible] 2022
[illegible]
Edição [illegible]

ISBN 978-65-00-48773-2

[illegible]

[illegible]

[illegible]

Agradecimentos

Nesta seção agradecemos especialmente aos alunos e colegas que deixaram sua contribuição na forma de sugestões, críticas ou correções a este trabalho:

Pietra Ferreira Delmondi
Rafael Dias Mazieri

Prefácio

A história deste material se iniciou em 2009, quando eu, Vinícius, juntamente com dois outros colegas de pós graduação, decidimos escrever um material que contemplasse os comandos necessários para se criar alguns programas básicos em MATLAB®. Eu, particularmente, fiz tanto a graduação quanto as pós graduações na Faculdade de Engenharia Mecânica da Unicamp, e lá, na minha área de pesquisa e ensino, o MATLAB® era o software mais utilizado.

Sempre que ministrávamos matérias, como a de Vibrações de Sistemas Mecânicos, encontrávamos alunos com pouca ou nenhuma experiência em MATLAB® e para ajudá-los nesta empreitada, criamos um material que ensinava como utilizar o programa e os comandos mais recorrentes. Esta apostila foi utilizada por um grande número de alunos e deve possuir exemplares em algum lugar da internet até hoje.

Com a passagem do tempo e a evolução das tecnologias, como professor notei que muitas instituições não utilizavam o MATLAB®, muito provavelmente por uma questão de custo. Na data de hoje eu possuo 17 anos de experiência com este software e, para a finalidade de desenvolver programas para computação científica, acho o MATLAB® realmente excelente. Porém, na falta de recursos financeiros as escolas e empresas podem adotar alternativas similares, como o Scilab ou uma linguagem de programação como o Python, com alguns pacotes para esta finalidade.

Devo deixar claro que nenhuma destas alternativas será muito interessante se o objetivo for a velocidade de execução do código. O MATLAB® e o Scilab são softwares, que prefiro chamar informalmente de ambientes, que são capazes de interpretar suas próprias linguagens e possuem tipagem fraca de variável (ou seja, não é preciso declarar tipos para as variáveis). Isto os torna inerentemente lentos quando comparados com uma linguagem como o C. Por outro lado, o Python, que é uma linguagem propriamente dita, também é interpretada e possui tipagem fraca. Isso traz inúmeras vantagens, mas torna a execução lenta.

Contudo, as três linguagens foram concebidas para facilitar o processo de programação científica (onde há operações matemáticas diversas) e acelerar a criação de protótipos de programas deste tipo. Por isso ambas são muito utilizadas no meio acadêmico e possuem comunidades fieis.

Sabendo disso, entendi que era necessário expandir o ensino da computação científica em um material no qual todas as operações apresentadas pudessem ser implementadas e discutidas nas três linguagens. Isso não só unifica o material de aprendizagem dessas linguagens como também facilita a comparação entre elas e ressalta os atributos mais interessantes de cada uma.

Finalmente, acho importante dizer que o objetivo deste material é que ele seja usável e compreensível ao aluno de graduação que não possui experiência em nenhuma das três linguagens. Desta forma, leitores mais avançados podem encontrar algumas imprecisões técnicas em alguns termos da computação. Caso isso ocorra ou o leitor encontre erros que deseje reportar, peço que não hesitem em enviar seus comentários a vinicius@zweistein-br.com.

Uma excelente leitura a todos!

Prof. Dr. Vinícius G. S. Simionatto
Profª. Ma. Layse Freitas Boere de Moraes

Sumário

Capítulo 1

Conhecendo os Ambientes

A palavra "ambiente" é uma daquelas palavras que deve ser compreendida pelo leitor como um termo não técnico. Utiliza-se "ambiente", pois tanto o MATLAB® quanto o Scilab são softwares feitos por empresas específicas, e suas linguagens funcionam apenas internamente a eles. Já o Python não é um software, mas sim uma linguagem de programação. Por isso, falamos em "ambiente" para facilitar a comunicação e utilizar uma palavra que possa reunir as três tecnologias.

1.1 Tela Inicial do MATLAB®

Iniciando pelo MATLAB®, ao abrir o software após a instalação correta, ao abrir o programa o usuário deverá encontrar uma tela como a mostrada na Figura 1.1. A tela é composta por um grande menu superior, com abas, cujas opções devem ser exploradas pelo leitor conforme a necessidade. Logo abaixo deste menu, há um campo no qual se descreve um caminho para uma pasta. No MATLAB® este campo é particularmente importante pois na execução do código, este diretório é tratado como um diretório de trabalho ("*working folder*"), e todos os arquivos e funções não nativas que o código deverá utilizar precisam estar neste diretório.

A coluna do lado esquerdo é subdividida em duas regiões. A superior se chama "Current Folder" e exibe exatamente os arquivos presentes no diretório de trabalho. Abaixo dela há uma região chamada "Workspace" que lista todos os objetos que estão na memória do MATLAB®, como variáveis, vetores, matrizes, listas, strings, figuras e outras entidades.

A grande região do lado inferior direito é o console do MATLAB®,

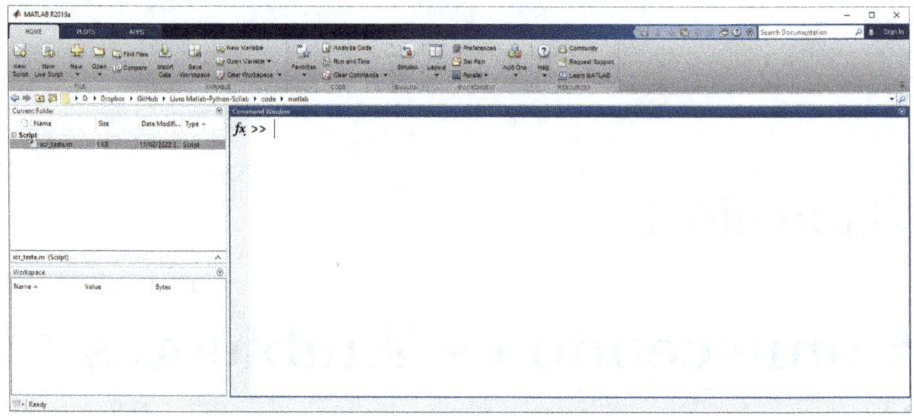

Figura 1.1: Tela inicial do MATLAB®.

chamado de "Command Window". Nela o usuário pode digitar (ou colar) códigos e estes serão executados automaticamente. Esta funcionalidade é bastante usada para aplicações mais simples ou verificação parcial de códigos. Contudo, para aplicações maiores é mais fácil trabalhar, neste software, com duas entidades chamadas de *funções* e *scripts*, que serão apresentadas adiante neste material.

É importante mencionar que o layout da tela inicial do MATLAB® é totalmente customizável, por isso o leitor pode encontrar diferenças no posicionamento e quantidade dos elementos. O layout apresentado aqui é o essencial para o funcionamento do programa. A versão do MATLAB® utilizada neste material é a R2019a (9.6.0.1072779) para Windows 64 bits.

1.2 Tela Inicial do Scilab

O Scilab foi desenvolvido para ser uma alternativa ao MATLAB®. Por isso, o leitor irá encontrar inúmeras semelhanças entre os dois softwares ao longo deste material. Sua tela inicial também é inteiramente customizável e, para este material escolheu-se um layout muito similar ao básico utilizado no MATLAB®. Ele é mostrado na Figura 1.2.

Os elementos são os mesmos do MATLAB® e estão exatamente nas mesmas posições. No Scilab, a questão do diretório de trabalho também é essencial pelas mesmas razões, e por isso, na parte superior da coluna

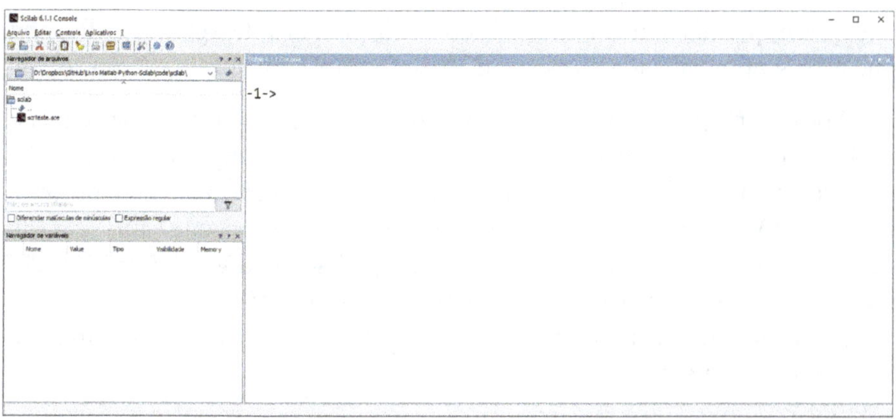

Figura 1.2: Tela inicial do Scilab.

esquerda há um campo com um caminho de diretório que deve representar o diretório de trabalho.

1.3 Tela Inicial do PyCharm

Como mencionado anteriormente, o Python é uma linguagem de programação e não um programa específico. Por isso, é necessário escolher um ambiente de programação para poder utilizar esta linguagem. Para este material escolheu-se o PyCharm, pois este possui uma versão "Community" que é gratuita e funciona muito bem para um usuário único. A versão paga deste ambiente fornece a capacidade de se trabalhar com múltiplos desenvolvedores em um ambiente com controle de versionamento.

Por ser uma linguagem de programação, a abordagem inicial é diferente da utilizada no MATLAB® e no Scilab. Esta questão será abordada brevemente, pois o foco deste material é o uso das linguagens e não dos ambientes. Além disso, o leitor pode encontrar facilmente toda a ajuda necessária para o funcionamento dos ambientes na internet ou nas sessões de ajuda dos próprios softwares.

No PyCharm, diferente do MATLAB® e do Scilab, o usuário deve criar um projeto e selecionar qual versão do Python deseja utilizar para executar seu código. O Python é uma linguagem aberta que está sendo atualizada constantemente. Por isso, novas funcionalidades são adicionadas quase que diariamente, e assim o conhecimento da versão do Python que está sendo utilizada é essencial. Neste material utiliza-se a versão 3.9.

Após a criação do projeto, a tela inicial do ambiente de programação terá a aparência mostrada na Figura 1.3. Na área superior esquerda o usuário encontrará a árvore que representa o diretório de seu projeto. Este diretório possui um diretório interno chamado `venv`, que guarda todos os arquivos do ambiente virtual no qual seu código será executado. Inclusive, caso se utilize pacotes externos, como utilizaremos aqui, eles devem ser instalados no ambiente virtual e ficarão guardados no diretório `Lib`, dentro de `venv`.

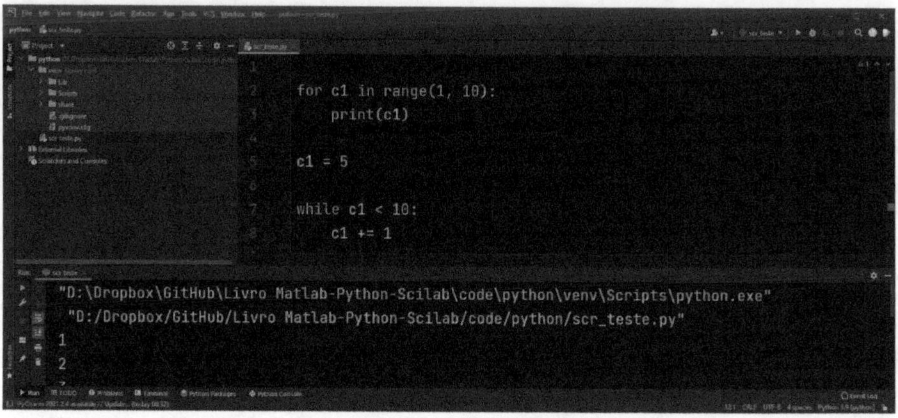

Figura 1.3: Tela inicial do PyCharm.

Já na porção superior direita o PyCharm apresenta o código no qual se está trabalhando. Pode-se manter vários arquivos de código abertos, e selecioná-los através das abas superiores. Finalmente, a porção inferior da tela apresentará o console do Python, no qual se pode ver a execução do código, e se aberto em modo terminal seu funcionamento será semelhante aos prompts de comando do MATLAB® e do Scilab.

A porção inferior pode não estar visível se o código não estiver sendo executado ou se o terminal não estiver ativo. Isso é normal e serve para facilitar a visualização do código. Quando o código for executado, o terminal ou o console serão mostrados automaticamente.

1.3.1 Instalando Pacotes no Projeto Python

Uma vez que será necessário instalar pacotes no projeto Python, é importante que o usuário saiba realizar este procedimento de maneira simples. Para isso, o usuário deve ir até a árvore de arquivos, expandir a pasta `Scripts` e procurar pelo arquivo `python.exe`. O usuário deve então clicar com o botão direito do mouse sobre o arquivo e seguir o caminho de menus: *Open In* → *Terminal*, conforme mostrado na Figura 1.4.

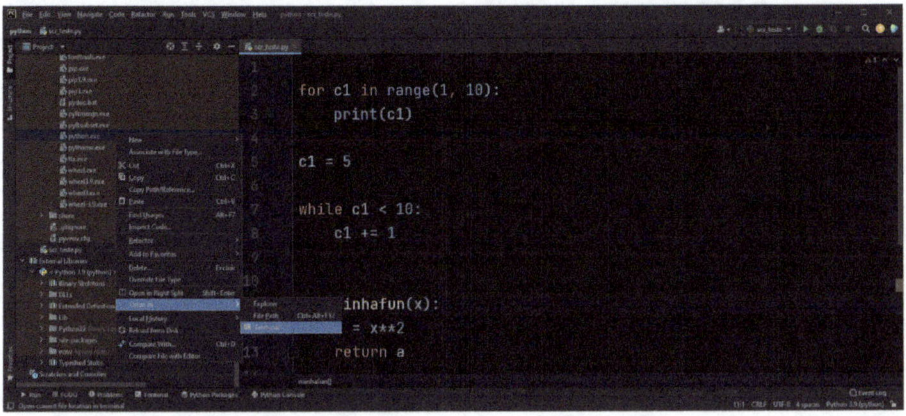

Figura 1.4: Procedimento para instalar pacotes no projeto Python.

Uma vez feito este procedimento o terminal estará aberto, e nele, para instalar um pacote, o usuário deverá utilizar o comando abaixo seguido de `<Enter>`:

```
./pip install <nome do pacote>
```

Por exemplo, caso o usuário deseje instalar o pacote *numpy*, o comando deve ser:

```
./pip install numpy
```

Após executar o comando, o próprio terminal fará do download do pacote nos repositórios padrão e indicará quando a instalação estiver concluída. Neste ponto o usuário poderá fechar o terminal.

Capítulo 2

Criando Scripts

Normalmente, neste ponto, o leitor deveria esperar pelos comandos básicos de cada linguagem. Contudo, no MATLAB® e no Scilab é até possível executar os comandos no prompt de comando. Já no PyCharm este processo também é possível, mas é muito mais trabalhoso de se fazer e a visualização dos resultados é mais difícil. Por isso, escolheu-se por apresentar primeiramente as formas de se criar scripts nas três linguagens. Assim, o usuário poderá sempre executar os scripts, modificar os comandos mais facilmente e visualizar melhor os resultados obtidos.

Um script é basicamente um arquivo com diversas instruções que serão executadas na sequência em que são listadas. Ele não é necessariamente um programa, pois, em uma linguagem como C, por exemplo, um arquivo com um conjunto de instruções não é executável. Na linguagem C é necessário criar um arquivo com a estrutura de funções, uma função chamada `main`, e este arquivo deve ser compilado para depois ser executado.

Já nas três linguagens apresentadas neste material, um arquivo com uma simples instrução é executado normalmente. Isso acontece pois ambas as linguagens são interpretadas, o que não exige a compilação na forma que ocorre em C.

Os scripts são ferramentas muito versáteis para a programação e serão utilizados em toda a extensão deste material.

2.1 Criando Scripts no Matlab

Para criar um script no Matlab, o usuário pode utilizar o botão "New Script", no canto superior esquerdo da Figura 2.1 ou clicando com o botão direito do mouse em uma região vazia da pasta de trabalho e seguindo o caminho "*New*"→"*Script*".

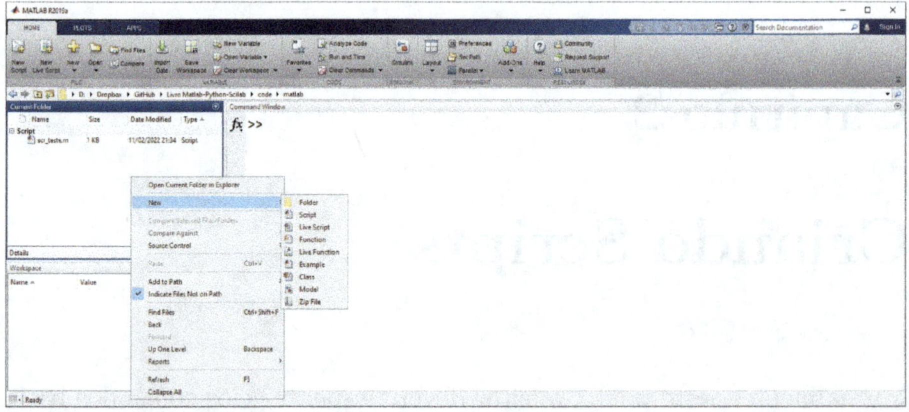

Figura 2.1: Criando um novo script no MATLAB®.

Ao criar um novo script, o Matlab abrirá um editor com um arquivo de texto em branco, no qual o usuário deve digitar os comandos e antes de executar deve salvar o script no diretório de trabalho atual.

Quando se cria um script no MATLAB®, a menos que o usuário tenha completo domínio sobre a dinâmica de seus scripts, é sempre uma boa política utilizar como comandos iniciais os três comandos mostrados na Figura 2.2.

```
clear variables
close all
clc

```

Figura 2.2: Primeiras linhas em um script padrão do MATLAB®.

O comando `clear variables` limpa todas as variáveis que estiverem na memória do MATLAB®. Isto evita que o script seja executado com algum valor incorreto em uma variável que esteja, por algum motivo, pré-alocada. O comando `close all` fecha todas as janelas que estiverem abertas. Em alguns casos, algumas janelas como as de barras de progresso podem permanecer abertas mesmo após este comando. Neste caso o usuário pode utilizar o comando `close all hidden`. Finalmente, o comando `clc` limpa todo o texto que estiver no prompt de comando. Este comando é muito útil quando se utiliza o prompt.

Com relação à execução do script no MATLAB®, há 3 formas de se executá-lo. A primeira é clicando no botão "Run" na parte superior da tela mostrada na Figura 2.3. Isto executará o script como um todo. Como atalho, é possível fazer exatamente a mesma coisa apertando o botão F5.

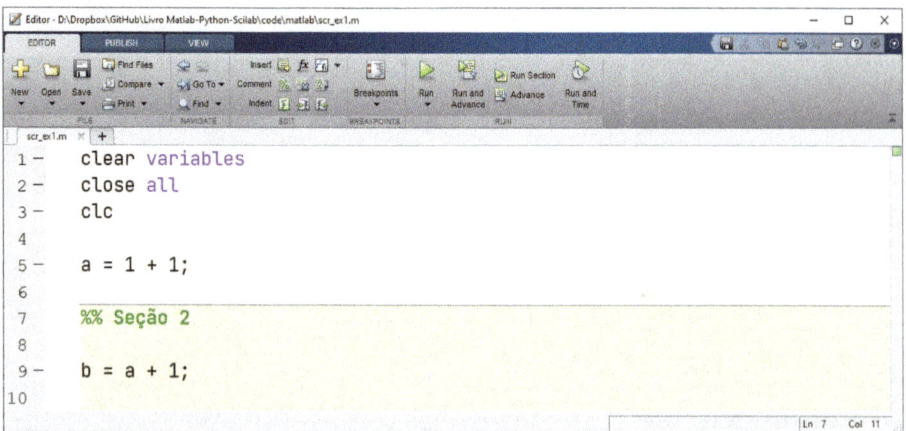

Figura 2.3: Executando um script no MATLAB®.

A segunda forma é uma forma de executar o script parcialmente. Basta que o usuário selecione a parte do código que deseja executar e pressione F9. Apenas o trecho de código selecionado será executado no prompt de comando. Esta forma é muito eficaz para depurar código.

A terceira forma é executando seções do código. O leitor pode notar na Figura 2.3 que da linha 7 em diante o fundo do código está em amarelo. A divisão logo acima desta linha é criada pela linha que se inicia com os caracteres "%%". O texto após estes caracteres é tratado como comentário, portanto pode ser utilizado como título da seção. A seção ativa é a com fundo amarelo, e para que ela esteja ativa basta que o cursor esteja nela.

Para executar apenas a seção ativa o usuário pode clicar no botão "Run Section", na parte superior, ou utilizar o atalho "Ctrl+Enter". Para iniciar uma nova seção no código basta criar um novo comentário iniciando com os caracteres "%%".

2.2 Criando Scripts no Scilab

Para criar um novo script no Scilab o usuário deve, primeiramente, clicar sobre o prompt de comando, ou console, e então o menu superior será apresentado como na Figura 2.4.

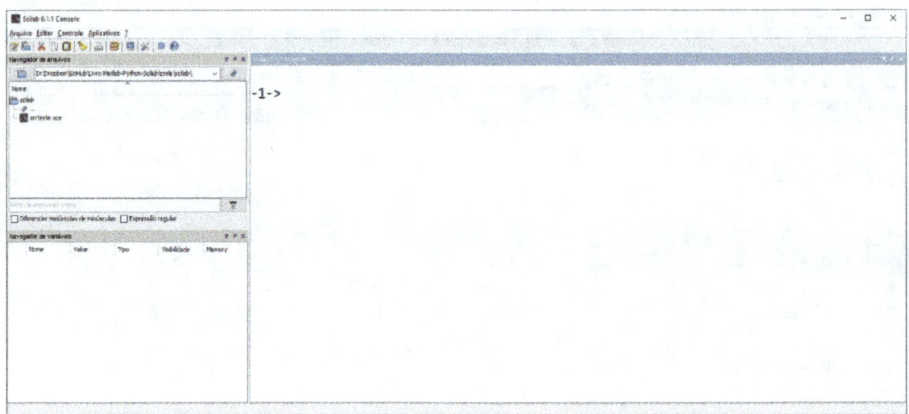

Figura 2.4: Criando um novo script no Scilab.

Ao clicar no primeiro botão do menu superior, o Scilab abrirá um editor de texto no qual o usuário deve criar seu código e salvá-lo no diretório de trabalho. O editor do Scilab é como mostrado na Figura 2.5.

Para executar o script por completo, o usuário pode clicar no botão "Run" (▷) no menu superior ou apertando $F5$. Para executar apenas uma parte do código, basta selecionar a parte desejada e apertar "Ctrl+E". Esta parte será executada no console.

Da mesma forma que no MATLAB®, é importante limpar a memória do Scilab, fechar as figuras abertas e limpar o prompt de comando. Isso é feito com os comandos mostrados na Figura 2.6.

O comando `clear` limpa as variáveis da memória do Scilab, o comando `close(winsid())` fecha qualquer janela de figura aberta e o comando `clc` limpa o prompt de comando.

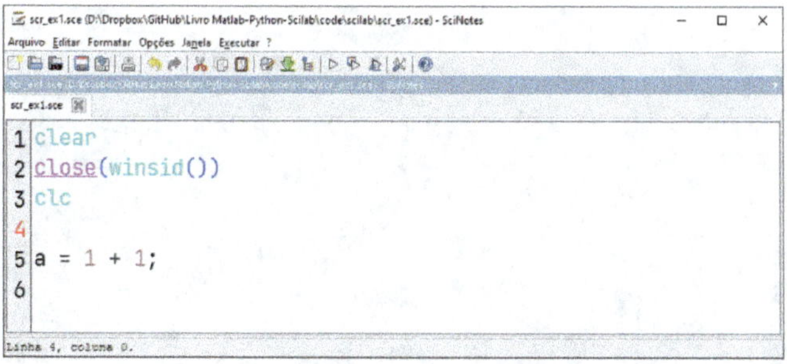

Figura 2.5: Editor de script no Scilab.

```
clear
close(winsid())
clc

```

Figura 2.6: Primeiras linhas em um script padrão do Scilab.

2.3 Criando "Scripts" em Python

Basicamente, qualquer arquivo de código no Python funciona como um script, no sentido de que pode ser executado diretamente. Contudo, tecnicamente, quando se usa Python os arquivos não são mais chamados de scripts, mas sim módulos.

Para criar um módulo Python, no PyCharm, o usuário deve clicar com o botão direito do mouse sobre a pasta na qual deseja criar o módulo (neste caso se escolheu a pasta raiz do projeto) e seguir o caminho "New"→"Python File", conforme mostrado na Figura 2.7.

Diferente do MATLAB® e do Scilab, o módulo Python não requer comandos iniciais para limpeza de prompt, memória e janelas. Ao executar um módulo Python, o próprio ambiente virtual realiza estas operações.

Contudo, por ser uma linguagem de programação, quando se utilizar funções de outras bibliotecas, como será feito neste material principalmente com a `numpy` e com a `matplotlib`, será necessário importar estes módulos. A instalação deles já deve ter sido realizada no ambiente virtual para que se possa realizar a importação.

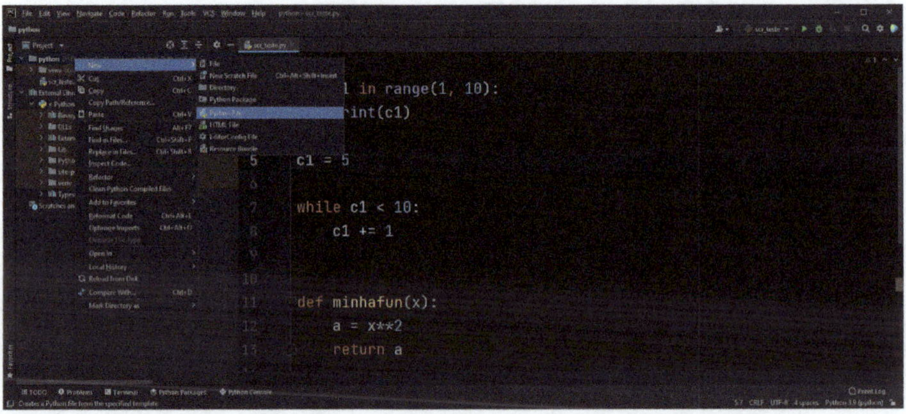

Figura 2.7: Criando módulos Python no PyCharm.

A importação no Python pode ser feita de quatro formas. Para se exemplificar estas formas o leitor deve saber que o pacote `numpy` possui uma função interna chamada `exp` que quando aplicada ao parâmetro `x` retorna o resultado e^x. As quatro formas são mostradas na Figura 2.8.

```
1 # Forma 1
2
3 import numpy
4
5 print(numpy.exp(1))
```

```
1 # Forma 2
2
3 import numpy as np
4
5 print(np.exp(1))
```

```
1 # Forma 3
2
3 from numpy import exp
4
5 print(exp(1))
```

```
1 # Forma 4
2
3 from numpy import exp as minhaexp
4
5 print(minhaexp(1))
```

Figura 2.8: Quatro formas de se utilizar uma função de um pacote em Python.

Na forma 1, mostrada na Figura 2.8, na linha 3 foi feita a importação do pacote `numpy`. Para chamar a função, neste caso, deve-se utilizar o formato `<nome do pacote>.<função>(argumentos)`. Assim, para calcular e^1 se utiliza `numpy.exp(1)`, e a função `print` é utilizada para imprimir o resultado no console (no caso, 2,718281828459045).

O inconveniente da forma 1 é que às vezes o nome do pacote pode ser muito grande, ou a função pode estar em pacotes internos a pacotes, tornando sua chamada muito trabalhosa. Por isso, na forma 2 utiliza-se o comando `as` na importação, para dar um nome mais curto ao pacote. Na linha 3 da forma 2, foi importado o pacote `numpy` e seu nome foi trocado pelo "apelido" `np`. Assim, para se calcular e^1 utiliza-se `np.exp(1)`.

Os apelidos de pacotes são chamados de "*alias*" (leia-se /*eilias*/), e em alguns casos há padrões. No caso do pacote `numpy` o padrão é `np` e para o pacote `matplotlib.pyplot`, o padrão é `plt`. Contudo, o leitor pode escolher os *alias* que desejar.

Os *alias* de pacote facilitam muito as importações, mas em alguns casos específicos, o usuário pode achar inconveniente utilizar a estrutura com o nome do pacote e pode desejar chamar apenas a função. Neste caso é possível utilizar a forma 3, na qual se utiliza o comando `from`. Neste caso, na linha 3 da forma 3 importa-se, a partir do pacote `numpy` a função `exp`. Desta forma, a chamada da função para o cálculo de e^1 é apenas `exp(1)`.

Outra vantagem da forma 3 é que, muitas vezes, um pacote pode ser muito grande e o usuário está interessado em poucas funções. Nesta forma específica, importa-se apenas as funções especificadas (no exemplo, apenas a `exp`), tornando a aplicação final mais enxuta caso seja compilada.

Pode ser ainda que o usuário deseje importar uma função específica de um pacote, mas por algum motivo seja necessário mudar seu nome. Neste caso é possível criar um *alias* de função utilizando novamente o comando `as` como na forma 4, na Figura 2.8.

Na linha 3 da forma 4, a partir do pacote `numpy` importa-se a função `exp` e se renomeia-a como `minhaexp`. Neste caso, para calcular e^1 utiliza-se `minhaexp(1)`.

Assim, no início de um "script", ou seja, um módulo "Python", não é necessário utilizar comandos de limpeza do ambiente em geral, mas é necessário realizar a importação dos pacotes e funções necessários, algo que não se faz no MATLAB® e nem no Scilab.

Capítulo 3

Operações com Escalares

As operações com números escalares são muito parecidas no Python, no Scilab e no MATLAB®. Além disso, estas operações são tão comuns que, especificamente no Python não é necessário nem mesmo importar pacotes.

A primeira operação e mais simples de todas (porém muito útil) é a de associar valores a variáveis. Primeiramente, diferente de linguagens de nível mais baixo como C ou Java, no MATLAB®, no Scilab e no Python não é necessário declarar as variáveis ou seu tipo. Ao se fazer atribuição de valor à variável, o ambiente automaticamente a cria na memória.

Como exemplo, imagina-se que se deseja criar uma variável e atribuir a ela o valor numérico 10. Isto é feito nas três linguagens conforme mostrado na Figura 3.1. O operador que se utiliza é o "=", e o valor da direita é atribuído à variável à esquerda.

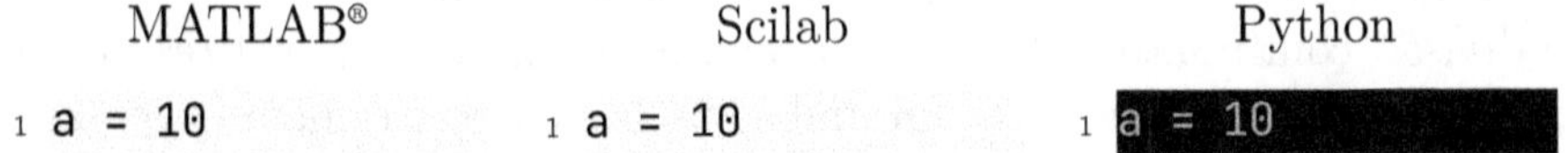

Figura 3.1: Atribuição de variável em MATLAB®, Scilab e Python

Com relação aos nomes de variáveis, ambas as linguagens diferenciam maiúsculas e minúsculas (o que se chama de *case sensitive*), assim as variáveis `ex` e `Ex`, por exemplo, são consideradas distintas. As variáveis também aceitam números inteiros em seus nomes desde que o primeiro caractere não seja um número. O caractere "underscore" ("_") também é aceito em qualquer posição. Contudo, em Python não é desejável iniciar o nome de uma variável com este caractere, pois isto causa diferentes efeitos de visibilidade que não serão tratados neste material.

As operações básicas são realizadas com os operadores padrão, conforme mostrado na Figura 3.2.

MATLAB®

```
a = 2 + 3
b = 3 - 2
c = 4 * 3
d = 6 / 3
e = 3 ^ 2
```

Scilab

```
a = 2 + 3
b = 3 - 2
c = 4 * 3
d = 6 / 3
e = 3 ^ 2
// ou
e = 3 ** 2
```

Python

```
a = 2 + 3
b = 3 - 2
c = 4 * 3
d = 6 / 3
e = 3 ** 2
```

Figura 3.2: Operações básicas com números escalares em MATLAB®, Scilab e Python

Em todas as linguagens, as operações mostradas na Figura 3.2 resultam em variáveis na memória com os valores: $a = 5$, $b = 1$, $c = 12$, $d = 2$ e $e = 9$. No caso do Python, a potenciação é feita utilizando o operador "$**$" em vez de "$\wedge$" como nas outras linguagens. Já no caso do Scilab, nossos testes mais recentes mostraram que em plataforma Windows o Scilab aceita ambos ** e $\wedge$ para a potenciação, mas na plataforma Mac (Apple), o Scilab realiza potenciação apenas com **.

A operação de divisão, especificamente, é definida como a operação de divisão com ponto flutuante, ou seja, a divisão de 6 por 4 resulta em 1,5. Isso é importante, pois em ambas as linguagens também é possível calcular a divisão inteira e o resto da divisão. Em MATLAB® e Scilab se utiliza funções, mas no Python há operadores específicos. Observa-se estas operações na Figura 3.3.

O leitor deve ter notado que, na Figura 3.3, no código MATLAB®, as linhas estão sendo terminadas com ponto-e-vírgula (;). Este operador não é necessário ao MATLAB®, mas é muito útil. Por padrão, quando uma operação é realizada no MATLAB®, ele imprime no prompt de comando uma representação desta operação. Isto pode tornar a execução do código muito lenta. Para suprimir esta impressão, termina-se a linha com o ponto-e-vírgula.

MATLAB®

```
clear variables
close all
clc

% Ponto flutuante:
a = 6/4;
% a = 1.5

% Divisao inteira:
a = fix(6/4);
% a = 1

% Resto da divisao:
a = mod(6,4);
% a = 2
```

Scilab

```
clear
close(winsid())
clc

// Ponto flutuante:
a = 6/4
// a = 1.5

// Divisao inteira:
a = fix(6/4)
// a = 1

// Resto da divisao:
a = modulo(6,4)
//a = 2
```

Python

```
# Ponto flutuante
a = 6/4
# a = 1.5

# Divisao inteira
a = 6//4
# a = 1

# Resto da divisao
a = 6%4
# a = 2
```

Figura 3.3: Operações básicas com números escalares em MATLAB®, Scilab e Python

A título de exemplo, caso o script da Figura 3.3 seja executado sem os ponto-e-vírgulas, o console mostrará o texto da Figura 3.4.

Script MATLAB® executado:

```
clear variables
close all
clc

% Ponto flutuante:
a = 6/4
% a = 1.5

% Divisao inteira:
a = fix(6/4)
% a = 1

% Resto da divisao:
a = mod(6,4)
% a = 2
```

Console MATLAB®:

```
a =

    1.5000


a =

    1


a =

    2

>>
```

Figura 3.4: Script MATLAB® sem ponto-e-vírgula.

No Scilab ocorre algo parecido. Quando as operações são realizadas diretamente no prompt de comando, o software imprime no prompt de comando uma representação da operação, que pode ser suprimida se for utilizado o ponto-e vírgula. Contudo, no caso do Scilab, se a operação é realizada através da execução completa de um script, essas impressões são suprimidas mesmo que o ponto-e-vírgula não finalize a linha.

Já no Python, as operações não são impressas no prompt a menos que se utilize o comando `print()`. Por isso, o ponto-e-vírgula nunca é utilizado como terminação de uma linha.

Até este ponto foram realizadas apenas operações com números, mas o usuário pode, em todos os casos, realizar operações entre as variáveis utilizando os mesmos operadores matemáticos. Contudo, é necessário levar em consideração que as expressões de atribuição de valor numérico a uma variável não possuem sentido matemático, o que pode levar o programador iniciante a certa confusão.

Em qualquer uma das linguagens pode-se supor que a variável `a` guarde um determinado valor e que se queira incrementar este valor de 1. Neste caso, em qualquer uma delas pode-se utilizar a expressão:

```
a = a + 1
```

Esta expressão costuma causar confusão em alguns alunos, pois, matematicamente, $a \neq a + 1 \ \forall \ a \in \Re$, ou seja, a é diferente de $a + 1$ para qualquer valor real que a possa assumir. Então o leitor pode se deparar com uma expressão matemática que parece não fazer sentido algum.

Por isso, deve-se fazer a distinção de que os comandos programáticos não são necessariamente expressões matemáticas, mas sim comandos enviados ao computador. Desta forma, é saudável ler a expressão `a = a + 1` como "`a` *recebe* `a` mais um" e não "`a` *é igual a* `a` mais um".

Tratando-se do Python, especificamente, existem alguns atalhos programáticos quando se deseja alterar o valor de uma variável e salvar este valor na própria variável. Trata-se de alguns operadores que tornam as instruções ainda mais curtas. Eles são especificados nos exemplos a seguir:

- `a += 1` equivale a `a = a + 1`
- `b -= 5` equivale a `b = b - 5`
- `c *= 2` equivale a `c = c * 2`
- `d /= 3` equivale a `d = d / 3`
- `e //= 4` equivale a `e = e // 4`
- `f %= 8` equivale a `f = f % 8`
- `g **= 2` equivale a `g = g ** 2`

Os exemplos acima funcionam única e exclusivamente em Python, e não dependem do nome da variável ou do valor numérico associado. Este valor também pode estar armazenado em uma variável. A única forma de encontrar erros é criando operações matematicamente indefinidas, como `f/=0`.

Capítulo 4

Trabalhando com Matrizes e Vetores

A principal diferença entre a programação científica e a programação convencional é que, na programação convencional as estruturas de dados representam formas diferentes de armazenar dados, enquanto que na programação científica elas devem representar entidades matemáticas específicas.

Isso é especialmente verdade se o leitor pensar sobre tabelas e matrizes. Tabelas são estruturas de dados na programação convencional, e não é necessário definir operações entre tabelas. Porém, na programação científica, algumas tabelas podem representar matrizes, e assim é necessário definir operações entre matrizes e todas as operações matemáticas que se realiza com elas.

Ambientes como o MATLAB® e o Scilab foram desenvolvidos especificamente para esta funcionalidade, por isso vetores de dados e tabelas (os chamados *arrays*) são tratados como entidades matemáticas matriciais com todas as operações já estabelecidas.

No caso do Python há uma diferença bastante grande. O Python é uma linguagem de programação desenvolvida para a programação convencional, por isso esta linguagem dispõe de estruturas de dados chamadas de listas, tuplas, conjuntos e dicionários, mas nenhuma delas representa uma entidade matemática matricial.

Para esta representação é necessário utilizar o pacote de computação numérica chamado `numpy`, que já foi mencionado diversas vezes nos capítulos anteriores.

Há diversas nuances entre o Python e os ambientes Scilab e MATLAB®, por isso é necessário explorar diversos exemplos de aplicações para que o leitor consiga absorver estes conceitos.

4.1 Criação de Vetores Unidimensionais

Na computação científica, vetores unidimensionais possuem uma grande importância. Vetores unidimensionais são sequências de números dispostas em apenas uma dimensão. Pode-se criar vetores linha, de forma que os elementos sejam representados como a seguir:

$$\vec{v} = \begin{bmatrix} v_1 & v_2 & v_3 & v_4 & v_5 & \cdots \end{bmatrix} \rightarrow \text{vetor linha}$$

Alternativamente, pode-se criar vetores coluna, de forma que seus elementos sejam representados como a seguir:

$$\vec{v} = \begin{bmatrix} v_1 \\ v_2 \\ v_3 \\ \vdots \end{bmatrix} \rightarrow \text{vetor coluna}$$

Este tipo de vetor possui duas plicações muito diretas, mas não únicas. A primeira é a representação de sequências numéricas, o que chamamos de sinais. Dois vetores unidimensionais combinados podem representar, por exemplo, uma sequência de pontos (x, y) em um plano.

Outra aplicação muito peculiar são os vetores coluna de 3 elementos, utilizados em inúmeras aplicações na Matemática.

4.1.1 Criação Manual de Vetores Unidimensionais

Alguns vetores mais simples podem ser criados através da digitação de seus elementos. Como exemplo, criaremos os vetores linha $[10, 20, 30]$. Os scripts da Figura 4.1 fazem a criação destes vetores e os guarda na variável v.

A sintaxe no MATLAB® e no Scilab é exatamente a mesma. Para criar vetores linha deve-se utilizar os colchetes quadrados ("[" e "]") como delimitadores, e as posições podem ser separadas por espaços (quantos forem necessários) ou vírgulas simples.

MATLAB®

```
clear variables
close all
clc

% forma 1
v = [10 20 30]

% forma 2
v = [10, 20, 30]
```

Scilab

```
clear
close(winsid())
clc

// forma 1
v = [10 20 30]

// forma 2
v = [10, 20, 30]
```

Python

```
import numpy as np

v = np.array([10, 20, 30])
```

Figura 4.1: Criação de vetor linha manual nas três linguagens.

Já no Python, a representação `[10, 20, 30]` cria uma lista com estes valores, e não um vetor matemático. Para que esta lista possa ser interpretada como um vetor do `numpy` é necessário convertê-la utilizando a função `array` deste pacote.

Para se criar vetores coluna há comandos muito parecidos. A forma de criá-los é mostrada na Figura 4.2.

Nos casos do MATLAB® e do Scilab, além de a sintaxe ser igual, ela é muito intuitiva. Observa-se que para a quebra de linhas em vetores se pode utilizar o ponto-e-vírgula (que é uma aplicação diferente para o mesmo caractere no MATLAB®), ou ainda se pode simplesmente quebrar a linha de código e digitar a nova linha abaixo, como na forma 2. A forma 3, em ambos os casos consta de criar um vetor linha e utilizar o operador ponto-linha ("`.'`") para transpor o vetor linha e transformá-lo em coluna.

No caso do Python a sintaxe mudou bastante e merece atenção. Diferente das demais linguagens, o Python diferencia vetores unidimensionais de vetores bidimensionais. No MATLAB® e no Scilab, os vetores linha e coluna não são unidimensionais, mas sim bidimensionais. Um vetor linha possui uma linha e n colunas, enquanto um vetor coluna possui uma coluna e n linhas. Isto pode ser verificado utilizando a função `size`, nas

MATLAB®

```
clear variables
close all
clc

% forma 1
v = [10; 20; 30]

% forma 2
v = [10
     20
     30]

% forma 3
v = [10 20 30].'
```

Scilab

```
clear
close(winsid())
clc

// forma 1
v = [10; 20; 30]

// forma 2
v = [10
     20
     30]

// forma 3
v = [10 20 30].'
```

Python

```
import numpy as np

# forma 1
v = np.array([[10], [20], [30]])

# forma 2
v = np.array([[10, 20, 30]]).T
```

Figura 4.2: Criação de vetor coluna manual nas três linguagens.

Figuras 4.3 e 4.4.

Script MATLAB® executado:

```
clear variables
close all
clc

v = [10, 20, 30];
disp('Tamanho de v:')
disp(size(v))

w = [10; 20; 30];
disp('Tamanho de w:')
disp(size(w))
```

Console MATLAB®:

```
Tamanho de v:
     1     3

Tamanho de w:
     3     1

>>
```

Figura 4.3: Analisando tamanho de vetores em MATLAB®.

Script Scilab executado:

```
clear
close(winsid())
clc

v = [10, 20, 30];
disp('Tamanho de v:')
disp(size(v))

w = [10; 20; 30];
disp('Tamanho de w:')
disp(size(w))
```

Console Scilab:

```
 "Tamanho de v:"

 1.   3.

 "Tamanho de w:"

 3.   1.
```

Figura 4.4: Analisando tamanho de vetores em Scilab.

Em ambas as figuras é possível ver no console que a função `size` retorna um vetor linha de duas colunas. O valor na primeira coluna representa o número de linhas do vetor e o valor na segunda coluna representa o número de colunas do vetor. A função `disp` serve apenas para imprimir uma mensagem ou valor no console.

Em ambos os casos, o vetor `v` é um vetor *linha* de 3 posições e o vetor `w` é um vetor *coluna* de 3 posições. Tanto o MATLAB® quanto o Scilab tratam `v` como um vetor de *uma linha* e três colunas e `w` como um vetor de três linhas e *uma coluna*. Ou seja, apesar de serem vetores que se expandem apenas por uma dimensão, estes ambientes atribuem a estes vetores um número de linhas e num número de colunas. Isso permite com que estes vetores possam ser imediatamente transpostos, como na Matemática.

No caso do Python, a dimensionalidade de vetores no pacote `numpy` permite vetores com apenas uma dimensão. Para isso, na Figura 4.5 explora-se um vetor unidimensional como o criado na Figura 4.1.

Script Python executado:

```
import numpy as np

v = np.array([10, 20, 30])

print('Tamanho de v:')
print(v.shape)
```

Console Python:

```
Tamanho de v:
(3,)

Process finished with exit
   code 0
```

Figura 4.5: Analisando dimensionalidade de vetores em Python.

O comando `v.shape` retorna uma *tupla* (que é uma estrutura de dados do Python) de dois valores. O primeiro valor é dado como 3 e o segundo (após a vírgula) está vazio. Isto significa que este vetor possui de fato uma dimensão *apenas*, e não é nem vetor linha, e nem vetor coluna. Para que ele seja um vetor linha ou coluna ele precisa, necessariamente, possuir duas dimensões, caso contrário, a transposição matemática também não é possível.

Pode-se também provar asso tentando transpor o vetor `v` em Python, com sua definição unidimensional. Isso é feito na Figura 4.6.

Na Figura 4.6, nas linhas 3 a 7, cria-se um vetor unidimensional `v` e se imprime o vetor e seu tamanho no console. O vetor é representado por `[10 20 30]`, o que é a representação de um vetor unidimensional de 3 posições com os valores descritos. Após isso imprime-se a forma do vetor, dada por `(3,)`, o que representa um vetor unidimensional de 3 posições

Script Python executado:

```
1 import numpy as np
2
3 v = np.array([10, 20, 30])
4 print('Vetor v:')
5 print(v)
6 print('Tamanho de v:')
7 print(v.shape)
8
9 print('------')
10
11 v = v.T
12 print('Vetor v:')
13 print(v)
14 print('Tamanho de v:')
15 print(v.shape)
```

Console Python:

```
Vetor v:
[10 20 30]
Tamanho de v:
(3,)
------
Vetor v:
[10 20 30]
Tamanho de v:
(3,)

Process finished with exit
    code 0
```

Figura 4.6: Transpondo vetor unidimensional em Python.

(nem linha e nem coluna, mas sim unidimensional).

Na linha 11 do mesmo script, atribui-se a `v` o valor de `v.T`, ou seja, o vetor `v` matematicamente transposto. Após isso, imprime-se no console novamente o vetor `v` e sua forma, como anteriormente.

As impressões no console mostram exatamente os mesmos resultados. Isso demonstra que o vetor `v` não é um vetor linha e nem coluna, mas sim unidimensional. Esta entidade é muito útil para a representação de sinais, pois torna o código mais simples e rápido. Contudo, não serve para a representação de vetores na forma matemática.

Um vetor linha representado da mesma forma que no Scilab e no MATLAB® pode ser criado a partir de uma "lista de listas" no Python. Uma lista de listas é uma lista que guarda listas dentro de si mesma. Tal lista é interpretada pela função `array`, do pacote `numpy` como um vetor bidimensional.

Assim, a forma de se criar um vetor linha que se consiga transpor em Python é a mostrada na Figura 4.7.

A única diferença do script da Figura 4.7 para o da Figura 4.6 está

Script Python executado:

```
import numpy as np

v = np.array([[10, 20, 30]])
print('Vetor v:')
print(v)
print('Tamanho de v:')
print(v.shape)

print('------')

v = v.T
print('Vetor v:')
print(v)
print('Tamanho de v:')
print(v.shape)
```

Console Python:

```
Vetor v:
[[10 20 30]]
Tamanho de v:
(1, 3)
------
Vetor v:
[[10]
 [20]
 [30]]
Tamanho de v:
(3, 1)

Process finished with exit code 0
```

Figura 4.7: Criando vetor linha bidimensional em Python.

na quantidade de colchetes da linha 3. A representação `[[10, 20, 30]]` em Python significa que existe uma lista externa, de um elemento e este elemento é a lista `[10, 20, 30]`. Cada elemento da lista mais externa é uma linha de uma entidade matricial, e cada lista interna contém os elementos de cada coluna desta linha. Assim, na linha 3 da Figura 4.7, o `numpy` consegue compreender que deve criar um vetor bidimensional com *uma linha* e três colunas.

Na impressão do console, pode-se ver que a forma do vetor `v` é inicialmente `(1, 3)`, ou seja, uma linha e três colunas, e depois, quando o vetor `v` é transposto, sua forma se torna `(3, 1)`. Consequentemente, a forma de se imprimir o vetor `v` no console também se altera, fazendo com que ele seja representado na forma de linha ou coluna, conforme um vetor matemático.

4.1.2 Criação Automática de Vetores Unidimensionais

Muitas vezes se deseja criar vetores que são grandes demais para serem digitados manualmente. Por isso, existem rotinas em ambas as linguagens que criam vetores do tamanho desejado com elementos chave em cada uma das posições.

A primeira e mais simples forma de se criar vetores grandes é a de criar vetores grandes e vazios, ou seja, com o valor zero em todas as posições. Nos exemplos das Figuras 4.8 a 4.10 serão criados vetores linha e coluna de 1000 posições com zeros em todas as posições.

Apesar de, no início da tratativa com vetores, o Python possuir algumas diferenças com relação ao MATLAB® e ao Scilab, é possível notar que quando estas diferenças são transportas os códigos nas três linguagens são quase similares.

No MATLAB® e no Scilab, onde as sintaxes são quase iguais, a função zeros recebe dois argumentos, sendo o primeiro o número de linhas do vetor resultante e o segundo o número de colunas. Como o leitor pode intuir, esta função pode criar matrizes nulas com as dimensões desejadas, e não apenas vetores linha e coluna.

No caso da função `zeros` do pacote `numpy`, a única diferença se encontra no número de parâmetros que se passa para a função. Esta função aceita um único parâmetro, que tecnicamente é uma lista em Python. O primeiro elemento desta lista é o número de linhas do vetor resultante e o segundo é o número de colunas.

Script MATLAB® executado:

```
clear variables
close all
clc

a = zeros(1,1000);
disp('Tamanho de a:')
disp(size(a))

b = zeros(1000,1);
disp('Tamanho de b:')
disp(size(b))
```

Console MATLAB®:

```
Tamanho de a:
           1        1000

Tamanho de b:
        1000           1

>>
```

Figura 4.8: Criando vetor de zeros bidimensional em MATLAB®.

Script Scilab executado:

```
clear
close(winsid())
clc

a = zeros(1,1000);
disp('Tamanho de a:')
disp(size(a))

b = zeros(1000,1);
disp('Tamanho de b:')
disp(size(b))
```

Console Scilab:

```
  "Tamanho de a:"

   1.   1000.

  "Tamanho de b:"

   1000.   1.
```

Figura 4.9: Criando vetor de zeros bidimensional em Scilab.

Script Python executado:

```
import numpy as np

a = np.zeros([1, 1000])
print('Tamanho de a:')
print(a.shape)

print('-------')

b = np.zeros([1000, 1])
print('Tamanho de b:')
print(b.shape)
```

Console Python:

```
Tamanho de a:
(1, 1000)
-------
Tamanho de b:
(1000, 1)

Process finished with exit
    code 0
```

Figura 4.10: Criando vetor de zeros bidimensional em Python.

A função `ones` funciona exatamente como a função `zeros` em ambas as linguagens. A única diferença é que todas as posições do vetor são preenchidas com o valor 1 e não com zero.

Outra função muito utilizada é a função `linspace`, que funciona da mesma forma nas três linguagens mas possui sintaxe ligeiramente diferente.

A função `linspace` recebe como parâmetros um valor inicial, um valor final e um número de posições, e gera um vetor unidimensional com os valores resultantes igualmente espaçados.

No caso do MATLAB®, se utiliza a sintaxe mostrada na linha 5 da Figura 4.11. O primeiro parâmetro é o valor inicial do vetor, o segundo é o valor final e o terceiro é o número de posições do vetor. O vetor gerado é um vetor linha.

No caso do Scilab, a sintaxe é idêntica à do MATLAB®, conforme mostrado na linha 5 da Figura 4.12. O vetor gerado também é um vetor linha.

Já no Python a situação se altera. A função `linspace` possui uma sintaxe muito similar. O primeiro argumento é o valor de início do vetor, o segundo é o valor final e o último é a quantidade de posições que o vetor deverá possuir.

Por causa da lógica da linguagem Python, o vetor resultante da opera-

Script MATLAB® executado:

```
clear variables
close all
clc

x = linspace(1,10,6);

disp('Vetor x:')
disp(x)

disp('Tamanho de x:')
disp(size(x))
```

Console MATLAB®:

```
Vetor x:
    1.0000    2.8000
    4.6000    6.4000
    8.2000   10.0000

Tamanho de x:
     1     6

>>
```

Figura 4.11: Utilizando a função `linspace` em MATLAB®.

Script Scilab executado:

```
clear
close(winsid())
clc

x = linspace(1,10,6)

disp('Vetor x:')
disp(x)

disp('Tamanho de x:')
disp(size(x))
```

Console Scilab:

```
  "Vetor x:"

   1.   2.8   4.6   6.4
   8.2   10.

  "Tamanho de x:"

   1.   6.
```

Figura 4.12: Utilizando a função `linspace` em Scilab.

ção é um vetor unidimensional, como mostrado no console da Figura 4.13. O leitor deve notar que quando o parâmetro `shape` do vetor é chamado, a resposta é a tupla `(6,)`, ou seja, um vetor unidimensional de 6 posições.

Script Python executado:

```
import numpy as np

x = np.linspace(1, 10, 6)

print('Vetor x:')
print(x)
print('-------')
print('Tamanho de x')
print(x.shape)
```

Console Python:

```
Vetor x:
[ 1.   2.8  4.6  6.4  8.2
   10. ]
-------
Tamanho de x
(6,)

Process finished with exit
   code 0
```

Figura 4.13: Utilizando a função `linspace` em Python.

Fazendo uso de um par de colchetes e da função `array` do pacote `numpy`, é possível transformar este vetor em um vetor linha, conforme mostrado na linha 3 da Figura 4.14. No console correspondente, a resposta da função `shape` do vetor é (1,6), ou seja, o vetor possui uma linha e 6 colunas.

Esta transformação de um vetor unidimensional criado com a função `linspace` para um vetor linha ou coluna em Python raramente será utilizada. Contudo, o leitor deve saber que esta transformação é possível.

O leitor também deve notar que, quando se criou vetores bidimensionais manualmente, utilizou-se listas dentro de listas na linguagem Python. Contudo, na linha 3 da Figura 4.14 os colchetes mantêm dentro deles um vetor unidimensional do `numpy`, e não uma lista. Mesmo assim a conversão com a função `array` funciona perfeitamente. Isso acontece pois existe uma classe de objetos Python chamada de *iteráveis* (*iterables*). Esta classe envolve todos os objetos que podem ser iterados, como listas, vetores, strings, geradores, e muitos outros. Esta propriedade de objetos iteráveis será importante na seção de estruturas de programação, mais adiante neste material.

Script Python executado:

```
import numpy as np

x = np.array([np.linspace
    (1, 10, 6)])

print('Vetor x:')
print(x)
print('-------')
print('Tamanho de x')
print(x.shape)
```

Console Python:

```
Vetor x:
[[ 1.   2.8  4.6  6.4  8.2
   10. ]]
-------
Tamanho de x
(1, 6)

Process finished with exit
   code 0
```

Figura 4.14: Utilizando a função `linspace` em Python.

4.2 Criação de Matrizes ou Vetores Bidimensionais

A criação de matrizes é o mesmo que a criação de vetores bidimensionais. A lógica para a criação destes vetores é muito parecida com a lógica para a criação de vetores unidimensionais (que de fato só existem em Python). A seguir o leitor encontrará formas manuais e automatizadas de se criar matrizes. Vetores com 3 ou mais dimensões seguem exatamente a mesma lógica.

4.2.1 Criação Manual de Matrizes

A criação manual de matrizes é muito análoga à criação de vetores nas três linguagens. Para exemplificar esta criação, em ambas as linguagens será criada a matriz a seguir:

$$M = \begin{bmatrix} 8 & 1 & 6 \\ 3 & 5 & 7 \\ 4 & 9 & 2 \end{bmatrix}$$

Assim, tem-se as formas de se crias tal matriz na Figura 4.15.

Tanto no MATLAB® quanto no Scilab, a sintaxe é igual e há duas formas básicas de se criar as matrizes: a primeira é separando as colunas

MATLAB®

```
clear variables
close all
clc

% forma 1
M = [8, 1, 6; 3, 5, 7; 4,
    9, 2];

% forma 2
M = [8 1 6
     3 5 7
     4 9 2];
```

Scilab

```
clear
close(winsid())
clc

// forma 1
M = [8, 1, 6; 3, 5, 7; 4,
    9, 2];

// forma 2
M = [8 1 6
     3 5 7
     4 9 2];
```

Python

```
import numpy as np

# forma única
M = np.array([[8, 1, 6], [3, 5, 7], [4, 9, 2]])

# muda apenas a maneira de digitar
M = np.array([[8, 1, 6],
              [3, 5, 7],
              [4, 9, 2]])
```

Figura 4.15: Criando matrizes manualmente nas três linguagens.

com vírgulas (`,`) e as linhas com ponto-e-vírgula (`;`), e a segunda é separando as colunas com espaços (quantos forem necessários) e quebrando as linhas no texto normalmente.

Enquanto a primeira forma deixa mais claro quais são as expressões de cada posição da matriz, a segunda forma acaba sendo mais visual pois permite alinhamento entre as colunas de cada linha no código, prevenindo erros. Por isso, a segunda forma é normalmente a mais usada. Contudo, o usuário pode, alternativamente, usar um híbrido das duas formas tanto no Scilab quanto no MATLAB®, pois o interpretador conseguirá compreender as matrizes que se deseja montar.

Já no Python há uma forma única de se montar uma matriz manualmente, que é a utilização de listas dentro de listas (ou mais tecnicamente uma lista de iteráveis unidimensionais de mesma quantidade de posições).

4.2.2 Criação Automática de Matrizes

Há três tipos básicos de matrizes que se utiliza muito na programação científica: as matrizes vazias (de zeros), as matrizes de uns (com o valor 1 em todas as posições) e a matriz identidade (que possui zeros fora da diagonal principal e uns na diagonal principal).

Nos exemplos a seguir se cria matrizes 2×3 de zeros, uns e identidade (apesar de esta última ser normalmente quadrada). Na Figura 4.16, o exemplo em MATLAB® com o resultado do console à direita.

O leitor deve notar que, mesmo a matriz identidade não sendo quadrada, o próprio ambiente criou uma matriz de forma que na posição i, j em que $i = j$, o valor é um e no restante das posições o valor é zero.

Exatamente a mesma lógica é observada quando se utiliza a função `eye` em Scilab, na Figura 4.17. A diferença é que como o script Scilab já suprime as saídas para o console, é necessário utilizar a função `disp` explicitamente para se ter as representações de texto no prompt de comando.

No Python, como mostrado na Figura 4.18, as funções `zeros` (linha 4) e `ones` (linha 11) seguem a mesma lógica do MATLAB® e do Scilab, com a diferença de que os parâmetros de número de linhas e colunas são passados dentro de uma lista, e não simplesmente como parâmetros livres.

Já a função `eye`, no Python, funciona de outra forma, e para fazê-la funcionar como desejado é necessário chamá-la de uma forma não usual, como mostrado na linha 17. A função `eye` do pacote `numpy` é projetada

Script MATLAB® executado:

```
clear variables
close all
clc

% Matriz de zeros
Z = zeros(2,3)

% Matriz de uns
U = ones(2,3)

% Matriz identidade 2x3
I = eye(2,3)
```

Console MATLAB®:

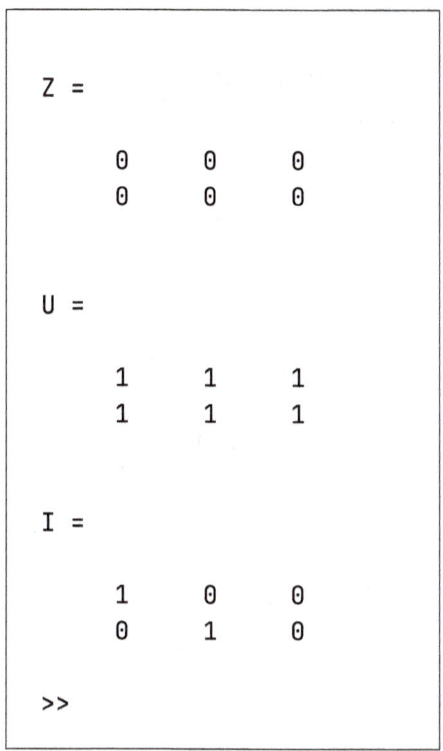

Figura 4.16: Criando as principais matrizes automaticamente em MATLAB®

Script Scilab executado:

```
clear
close(winsid())
clc

// Matriz de zeros
Z = zeros(2,3)
disp('Z = ', Z, '--------------')

// Matriz de uns
U = ones(2,3)
disp('U = ', U, '--------------')

// Matriz identidade 2x3
I = eye(2,3)
disp('I = ', I)
```

Console Scilab:

```
 "Z = "

  0.   0.   0.
  0.   0.   0.

 "--------------"

 "U = "

  1.   1.   1.
  1.   1.   1.

 "--------------"

 "I = "

  1.   0.   0.
  0.   1.   0.
```

Figura 4.17: Criando as principais matrizes automaticamente em Scilab

Script Python executado:

```python
import numpy as np

# Matriz de zeros
Z = np.zeros([2, 3])
print('Z = ')
print(f'{Z}')
print('-------------')

# Matriz de uns
print('U = ')
U = np.ones([2, 3])
print(f'{U}')
print('-------------')

# Matriz identidade 2x3
print('I = ')
I = np.eye(N=2, M=3)
print(f'{I}')
```

Console Python:

```
Z =
[[0. 0. 0.]
 [0. 0. 0.]]
-------------
U =
[[1. 1. 1.]
 [1. 1. 1.]]
-------------
I =
[[1. 0. 0.]
 [0. 1. 0.]]

Process finished with exit
    code 0
```

Figura 4.18: Criando as principais matrizes automaticamente em Python

para receber apenas um parâmetro, que representa ao mesmo tempo o número de linhas e o número de colunas da matriz. Isso porque a matriz identidade é definida matematicamente como uma matriz quadrada, portanto, em Python, a chamada `np.eye(4)`, por exemplo, deve retornar uma matriz identidade 4×4.

Contudo, é possível fazer a função se comportar como o desejado (gerando uma matriz não quadrada), passando como argumentos algo que em Python se chama "argumentos opcionais". Para chamar esses argumentos é necessário fornecer não apenas o valor do parâmetro associado mas também seu nome, pois neste caso a ordem dos parâmetros pode deixar de fazer sentido.

A função `eye` recebe um parâmetro obrigatório `N` que representa o número de linhas da matriz de saída e um parâmetro opcional `M` que representa o número de colunas da matriz de saída. Assim, para que a função tenha o comportamento desejado, a linguagem Python permite que a chamada seja feita da forma `np.eye(N=2, M=3)` ou `np.eye(M=3, N=2)`. Como é informado o nome do parâmetro correspondente e o seu valor, a ordem dos parâmetros passa a ser irrelevante.

Esta funcionalidade é chamada de *keyword argument function call* ou chamada de função por argumento nomeado, e permite algumas flexibilidades na programação que as outras linguagens deste material não permitem. Exemplos: parâmetros opcionais e parâmetros com valor padrão, que não precisam ser informados a menos que o valor padrão seja alterado.

4.3 Indexação de Vetores e Matrizes

A indexação de vetores e matrizes permite que um elemento de um vetor ou matriz seja acessado e que, se necessário, seu valor seja alterado. Há várias formas de se realizar esta indexação, e dependendo da forma é possível ter acesso a elementos ou partes de matrizes. Veremos este assunto nesta seção.

4.3.1 Indexação Direta

A indexação direta ocorre quando se deseja acessar apenas um elemento de uma matriz ou vetor. Para exemplificar, serão criados um vetor da forma:

$$v = \{\ 9\ \ 8\ \ 7\ \ 6\ \ 5\ \ 4\ \ 3\ \ 2\ \ 1\ \}$$

, e uma matriz da forma:

$$M = \begin{bmatrix} 8 & 1 & 6 \\ 3 & 5 & 7 \\ 4 & 9 & 2 \end{bmatrix}$$

Em primeiro lugar será feito o acesso à posição 6 do vetor, que possui o valor 4, e depois à posição $3, 1$ da matriz, que possui o valor 4 também. O procedimento será realizado nas três linguagens.

No caso do MATLAB®, o script e a saída resultante são mostrados na Figura 4.19. O primeiro comentário a se fazer corresponde à linha 5 do código, na qual se cria o vetor `v`. A forma de se criar este vetor segue a notação de dois-pontos (*colon*) do MATLAB®.

Script MATLAB® executado:

```
1  clear variables
2  close all
3  clc
4
5  v = 9:-1:1;
6
7  M = [8 1 6;
8       3 5 7;
9       4 9 2];
10
11 disp('Valor de v(6)')
12 disp(v(6))
13 disp('Valor de M(3,1)')
14 disp(M(3,1))
```

Console MATLAB®:

```
Valor de v(6)
     4

Valor de M(3,1)
     4

>>
```

Figura 4.19: Realizando indexação direta de vetores e matrizes em MATLAB®

Nesta notação, a criação de vetores é feita segundo a sintaxe:

```
<valor inicial>:<passo>:<valor final>
```

Desta forma, a linha 5 da Figura 4.19 ordena que seja criado um vetor com o valor inicial 9, de passo -1 até que o valor 1 seja atingido. Também é possível utilizar a notação que suprime o passo, na forma `<valor inicial>:<valor final>`, e neste caso o MATLAB® assume que o passo seja 1. Portanto, quando se suprime o valor do passo, o valor inicial deve sempre ser menor do que o final.

Algo importante a se saber é que em ambos os casos o valor inicial é respeitado, e o MATLAB® calcula as próximas posições do vetor até que se atinja o valor mais próximo do valor final que ainda não o tenha ultrapassado com o passo utilizado. Por isso o valor final passado somente será respeitado se for atingido exatamente a partir do valor inicial e de um múltiplo inteiro do passo.

O acesso às posições desejadas do vetor e da matriz ocorrem nas linhas 12 e 14 da Figura 4.19, respectivamente. Neste caso, para se acessar a posição 6 do vetor se utiliza `v(6)` e para se acessar a posição $3, 1$ da matriz se utiliza `M(3,1)`. O acesso de posições de vetores ou matrizes no MATLAB® se dá através de parênteses simples. No caso de vetores linha ou coluna, pode-se acessar uma posição informando apenas o índice daquela posição, iniciando a contagem em 1. Portanto, a sexta posição do vetor é indexada com o índice 6.

No caso de uma matriz, a indexação é realizada com dois índices, sendo o primeiro o número da linha e o segundo número da coluna, em ambos os casos iniciando a contagem também em 1.

O mesmo exemplo, porém implementado em Scilab é mostrado na Figura 4.20. Com relação à criação do vetor, a notação com os dois-pontos ("`:`") funciona exatamente da mesma forma que no MATLAB®. De fato, por ter sido criado para ser uma alternativa ao MATLAB®, os comandos nativos do Scilab são quase todos iguais aos do MATLAB®. Alguns nomes de funções são diferentes, mas sempre haverá muitas semelhanças.

Com relação ao acesso às posições do vetor e posições das linhas e colunas da matriz, a indexação ocorre exatamente da mesma forma que no MATLAB®: utiliza-se parênteses simples e a contagem sempre é iniciada em 1.

Novamente o mesmo exemplo é mostrado na Figura 4.21, mas desta vez a implementação é realizada em Python.

A primeira diferença que deve ser destacada é a forma de criação do vetor `v`, na linha 3 da Figura 4.21. Neste caso utiliza-se duas funções: a `array` do pacote `numpy` e a `range`, nativa do Python.

Script Scilab executado:

```
clear
close(winsid())
clc

v = 9:-1:1;

M = [8 1 6;
     3 5 7;
     4 9 2];

disp('Valor de v(6)')
disp(v(6))
disp('Valor de M(3,1)')
disp(M(3,1))
```

Console Scilab:

```
"Valor de v(6)"

 4.

"Valor de M(3,1)"

 4.
```

Figura 4.20: Realizando indexação direta de vetores e matrizes em Scilab

Script Python executado:

```
import numpy as np

v = np.array(range(9, 0, -1))

M = np.array([[8, 1, 6],
              [3, 5, 7],
              [4, 9, 2]])

print('Valor de v(6)')
print(v[5])
print('Valor de M(3,1)')
print(M[2, 0])
```

Console Python:

```
Valor de v(6)
4
Valor de M(3,1)
4

Process finished with exit code 0
```

Figura 4.21: Realizando indexação direta de vetores e matrizes em Python

Iniciando pela função mais interna, a função `range` cria um objeto em Python chamado de iterável preguiçoso (*lazy iterable*). Ele é um objeto sobre o qual se consegue iterar, mas realiza o retorno dos valores através de cálculos e não de guardar os valores na memória. Ele é idealizado desta forma para economizar memória de processamento.

A sintaxe da função `range` é a seguinte:

```
range(<valor inicial(op.)>, <valor final>, <passo (op.)>)
```

Com relação aos argumentos da função `range`, todos devem ser inteiros, pois esta função foi concebida para criar vetores apenas com números inteiros para auxiliar em indexações.

O primeiro argumento (valor inicial) é opcional e é o valor inicial incluso do vetor. O valor ser "incluso" é uma definição matemática: significa que o vetor iniciará a partir daquele valor, e não do próximo em sua sequência. Se não informado, o Python assumirá que seu valor é 1.

O segundo argumento (valor final) é o único argumento obrigatório, e ele é não incluso. No caso deste exemplo, deseja-se criar um vetor que inicie em 9 e termine em 1. Por isso o valor final é 0. Desta forma, como o valor final não é incluso, o Python parará no valor anterior da sequência, que é o valor 1.

O terceiro argumento é opcional e representa o passo da sequência. Se não for informado, o Python assumirá que seu valor é 1.

Com isso, a função `range` cria um objeto que calcula qualquer posição da sequência, como se fosse um vetor. Porém, este objeto não é um vetor pois não se aloca nenhuma das posições na memória. Cria-se apenas uma regra para o cálculo dos respectivos valores. Para transformar este objeto em um vetor matemático, utiliza-se a função `array` do pacote `numpy`, e assim se cria de fato o vetor matemático `v` unidimensional.

É, também, importante notar que no caso do MATLAB® e do Scilab o vetor `v` criado era um vetor bidimensional de uma linha e nove colunas. Já em Python, da forma como foi feito, ele é um vetor unidimensional de nove posições.

Para acessar uma posição do vetor `v` se utiliza os colchetes quadrados ("`[`" e "`]`") e o valor dos índices é contado a partir do zero. Por isso, para acessar a sexta posição do vetor `v` se utiliza `v[5]`, da mesma forma que para acessar sua primeira posição se utiliza `v[0]`.

O acesso de posições em matrizes (ou vetores bidimensionais) também é feito utilizando os colchetes quadrados. A indexação das linhas e colunas também é feita iniciando a contagem a partir do zero.

Em Python, particularmente, aceita-se também a indexação feita com números negativos. O leitor pode pesquisar mais sobre o assunto em particular, se tiver o interesse, mas os índices negativos serão pouco explorados neste material para não confundir o leitor.

Para finalizar a indexação simples, o leitor deve saber que é possível também alterar o valor de uma posição de uma matriz ou vetor. Para isso basta acessar o valor e fazer uma atribuição de um valor diferente àquela posição utilizando o operador "=", que possui a mesma funcionalidade em ambas as linguagens. Nos exemplos das Figuras 4.22 a 4.24 se cria novamente a matriz `M` e se substitui o valor da posição 3, 1 por 11.

Script MATLAB® executado:

```
clear variables
close all
clc

M = [8 1 6;
     3 5 7;
     4 9 2];

disp('Matriz M:')
disp(M)

M(3,1) = 11;

disp('Matriz M:')
disp(M)
```

Console MATLAB®:

```
Matriz M:
     8     1     6
     3     5     7
     4     9     2

Matriz M:
     8     1     6
     3     5     7
    11     9     2

>>
```

Figura 4.22: Realizando modificação de valor em vetores e matrizes em MATLAB®

4.3.2 Indexação por Trechos

Ambas as linguagens de programação permitem que se indexe as matrizes e vetores de certa forma que se tenha acesso a partes destas estruturas. Este tipo de indexação é conhecido como *slicing*, pois permite que se acesse partes das matrizes ou vetores correspondentes.

Script Scilab executado:

```
clear
close(winsid())
clc

M = [8 1 6;
     3 5 7;
     4 9 2];

disp('Matriz M:')
disp(M)

M(3,1) = 11;

disp('Matriz M:')
disp(M)
```

Console Scilab:

```
"Matriz M:"

8.   1.   6.
3.   5.   7.
4.   9.   2.

"Matriz M:"

8.    1.   6.
3.    5.   7.
11.   9.   2.
```

Figura 4.23: Realizando modificação de valor em vetores e matrizes em Scilab

Script Python executado:

```python
import numpy as np

M = np.array([[8, 1, 6],
              [3, 5, 7],
              [4, 9, 2]])

print('Matriz M:')
print(M)
print('')

M[2, 0] = 11

print('Matriz M:')
print(M)
```

Console Python:

```
Matriz M:
[[8 1 6]
 [3 5 7]
 [4 9 2]]

Matriz M:
[[ 8  1  6]
 [ 3  5  7]
 [11  9  2]]

Process finished with exit
    code 0
```

Figura 4.24: Realizando modificação de valor em vetores e matrizes em Python

Nos próximos exemplos, será criada a matriz:

$$M = \begin{bmatrix} 8 & 1 & 6 \\ 3 & 5 & 7 \\ 4 & 9 & 2 \end{bmatrix}$$

A partir desta matriz, deseja-se criar uma submatriz `N` 2×2 formada pelas posições $2,2$; $2,3$; $3,2$ e $3,3$ da matriz `M`.

Em MATLAB®, realiza-se esta operação conforme mostrado na Figura 4.25.

A indexação é mostrada na linha 9 da Figura 4.25. Indexa-se a matriz como na forma da indexação direta, com parênteses simples, mas no lugar dos índices das linhas e colunas o MATLAB® recebe vetores com as posições a se acessar para montar a nova matriz.

O comando `2:3`, em MATLAB®, gera um vetor que se inicia em 2 e termina em 3, com passo 1, isto é, o vetor `[2 3]`. Este vetor é passado como índice para as linhas e colunas da matriz `M`, ou seja, `M(2:3,2:3)` gera uma matriz utilizando a intersecção entre as linhas 2 a 3 da matriz `M` e as colunas 2 a 3 da mesma matriz.

Script MATLAB® executado:

```
clear variables
close all
clc

M = [8 1 6;
     3 5 7;
     4 9 2];

N = M(2:3,2:3);

disp('Matriz N:')
disp(N)
```

Console MATLAB®:

```
Matriz N:
     5     7
     9     2

>>
```

Figura 4.25: Realizando indexação por trechos em matrizes no MATLAB®

Exatamente a mesma sintaxe pode ser utilizada no Scilab, como se mostra na Figura 4.26.

Script Scilab executado:

```
clear
close(winsid())
clc

M = [8 1 6;
     3 5 7;
     4 9 2];

N = M(2:3,2:3);

disp('Matriz N:')
disp(N)
```

Console Scilab:

```
  "Matriz N:"

   5.   7.
   9.   2.
```

Figura 4.26: Realizando indexação por trechos em matrizes no Scilab

Já em Python, apesar de ser possível realizar a mesma operação, algumas diferenças devem ser observadas. O exemplo atual, implementado em Python, é mostrado na Figura 4.27.

Script Python executado:

```
1 import numpy as np
2
3 M = np.array([[8, 1, 6],
4               [3, 5, 7],
5               [4, 9, 2]])
6
7 N = M[1:3, 1:3]
8
9 print(N)
```

Console Python:

```
[[5 7]
 [9 2]]

Process finished with exit
   code 0
```

Figura 4.27: Realizando indexação por trechos em matrizes no Python

A indexação ocorre na linha 7 da Figura 4.27. Utiliza-se os colchetes quadrados, como na indexação direta, e no lugar dos índices de linha e coluna se usa a notação com dois-pontos. Para relembrar, a notação com dois-pontos do Python funciona na forma <início incluso>:<fim não incluso>:<passo>. Quando se omite o passo, ele é assumido como 1 e a notação fica na forma <início incluso>:<fim não incluso>.

Outra coisa importante a se lembrar é que, no Python, a contagem dos índices se inicia a partir do zero. Assim o comando `1:3` gera o "vetor" de índices [1 2], que correspondem à segunda e terceira linha/coluna da matriz.

Coloca-se a palavra "vetor" entre áspas neste caso, pois, na verdade, o comando com dois-pontos não gera um vetor, mas sim um objeto iterável que serve exclusivamente para indexação. Aconselha-se o leitor interessado a pesquisar mais sobre a notação inicial com dois-pontos em Python para compreender todas as possibilidades.

Em ambas as linguagens é possível trabalhar com indexação com passo diferente de 1. O resultado segue exatamente a lógica de indexação mostrada nesta seção.

4.3.3 Indexação por Trechos Parametrizada

Ambas as linguagens de programação permitem a indexação por trechos com alguns atalhos. Basicamente, estes atalhos permitem que se acesse o início e o final de vetores sem conhecer suas dimensões

No MATLAB®, para referir-se ao final de uma linha ou coluna pode-se utilizar a palavra `end`. O início das linhas e colunas é sempre a posição 1 e quando se deseja referir a uma linha ou coluna inteira, pode-se utilizar a indexação por trechos na forma `1:end`, ou utilizar apenas o caractere “dois pontos” (“`:`”). Alguns exemplos estão disponíveis nas Figuras 4.28 e 4.29.

```
clear variables
close all
clc

M = [1:4; 5:8; 9:12];

disp('Matriz M:')
disp(M)

disp('Ultima posicao da segunda linha:')
disp(M(2,end))

disp('Tres ultimos elementos da 1a linha:')
disp(M(1,(end-2):end))

disp('Dois ultimos elementos da 3a coluna:')
disp(M((end-1):end,3))

disp('Segunda linha completa:')
disp(M(2,:))

disp('Ultima posicao da ultima linha:')
disp(M(end,end))
```

Figura 4.28: Realizando indexação por trechos com `end` no MATLAB®

Já no Scilab a lógica é exatamente igual à do operador `end` do MAT-

```
Matriz M:
     1     2     3     4
     5     6     7     8
     9    10    11    12

Ultima posicao da segunda linha:
     8

Tres ultimos elementos da 1a linha:
     2     3     4

Dois ultimos elementos da 3a coluna:
     7
    11

Segunda linha completa:
     5     6     7     8

Ultima posicao da ultima linha:
    12

>>
```

Figura 4.29: Console resultante do script da Figura 4.28

LAB®. Contudo, nesta linguagem não se utiliza esta palavra, mas sim o cifrão ou sinal de dólar ($). O exemplo realizado nas Figuras 4.28 e 4.29 é repetido nas Figuras 4.30 e 4.31, porém em Scilab.

```
clear
close(winsid())
clc

M = [1:4; 5:8; 9:12];

disp('Matriz M:')
disp(M)

disp('Última posição da segunda linha:')
disp(M(2,$))

disp('Três últimos elementos da 1a linha:')
disp(M(1,($-2):$))

disp('Dois últimos elementos da 3a coluna:')
disp(M(($-1):$,3))

disp('Segunda linha completa:')
disp(M(2,:))

disp('Última posição da última linha:')
disp(M($,$))
```

Figura 4.30: Realizando indexação por trechos com $ no Scilab

No Python a lógica muda bastante e será necessário explicar o código da Figura 4.32 com profundidade de detalhes. Contudo, neste exemplo realiza-se as mesmas operações mostradas nas Figuras 4.28 a 4.31, mostrando que as operações são possíveis, apesar da sintaxe diferente.

O Python possui uma lógica de indexação com índices que podem ser positivos ou negativos. Isso acaba facilitando algo que se chama referenciação circular de vetores em alguns casos, e cria diversos atalhos usáveis. Contudo, esta lógica é exclusiva do Python, e leva-se algum tempo até se

```
"Matriz M:"

 1.   2.    3.    4.
 5.   6.    7.    8.
 9.   10.   11.   12.

"Última posição da segunda linha:"

 8.

"Três últimos elementos da 1a linha:"

 2.   3.   4.

"Dois últimos elementos da 3a coluna:"

 7.
 11.

"Segunda linha completa:"

 5.   6.   7.   8.

"Última posição da última linha:"

 12.
```

Figura 4.31: Console resultante do script da Figura 4.30

Script Python executado:

```
import numpy as np

M = np.array([np.linspace(1, 4, 4), np.linspace(5, 8, 4),
              np.linspace(9, 12, 4)])

print('Matriz M:\n', M, '\n')
print('Última posição da segunda linha:', M[1, -1])
print('Três últimos elementos da 1a linha:')
print(M[0, -3:])
print('Dois últimos elementos da 3a coluna:', M[-2:, 2])
print('Segunda linha completa:', M[1, :])
print('Última posição da última linha:', M[-1, -1])
```

Console Python:

```
Matriz M:
 [[ 1.  2.  3.  4.]
 [ 5.  6.  7.  8.]
 [ 9. 10. 11. 12.]]

Última posição da segunda linha: 8.0
Três últimos elementos da 1a linha:
[2. 3. 4.]
Dois últimos elementos da 3a coluna: [ 7. 11.]
Segunda linha completa: [5. 6. 7. 8.]
Última posição da última linha: 12.0

Process finished with exit code 0
```

Figura 4.32: Realizando indexação por trechos no Python

acostumar com ela.

Basicamente, tomando como exemplo um vetor de 5 posições, a indexação segue o esquema a seguir:

Vetor	v_1	v_2	v_3	v_4	v_5
Índices $\geq$ 0	0	1	2	3	4
Índices $<$ 0	-5	-4	-3	-2	-1

Ou, de forma alternativa, representa-se a lógica de indexação do Python como:

Vetor	v_1	v_2	v_3	v_4	v_5	v_1	v_2	v_3	v_4	v_5
Índices Python	-5	-4	-3	-2	-1	0	1	2	3	4

Estendendo a lógica para um vetor de n posições, tem-se:

Vetor	v_1	$\cdots$	v_{n-1}	v_n	v_1	v_2	v_3	$\cdots$	v_n
Índices Python	$-n$	$\cdots$	-2	-1	0	1	2	$\cdots$	$n-1$

Com esta lógica fica mais fácil compreender todo o código mostrado na Figura 4.32. Iniciando pela linha 12, acessa-se a última coluna (índice -1) da segunda linha (índice 1). Bem como no MATLAB® com o `end` ou no Scilab com o caractere `$`, não há necessidade de se conhecer o tamanho do vetor ou matriz para se acessar seu último elemento.

Na linha 16, para se acessar os três últimos elementos da primeira linha da matriz, utiliza-se a indexação `[0, -3:]`. Esta indexação se refere à primeira linha (índice zero), e às três últimas colunas. A expressão `-3:` em Python diz que a indexação deve começar no elemento -3 e seguir até o final do vetor, incluindo a última posição. Isso acontece pois se fosse utilizado `-3:-1` a última coluna seria excluída, pois na notação com dois-pontos o a posição final é não-inclusa. Alternativamente, se for utilizado `-3:0` ou `-3:0:1` (notação na qual o último valor é o passo), o vetor retorna vazio.

Na linha 20, para se obter os dois últimos elementos da terceira coluna se utiliza a indexação `[-2:, 2]`, como manda a lógica.

Para se acessar uma linha ou coluna completa, utiliza-se apenas o "`:`", como mostrado na linha 24. Já na linha 28 se realiza um acesso simples à última posição da matriz com os índices -1.

Há mais duas informações importantes a respeito deste exemplo. A primeira delas é que todas as expressões de indexação retornam cópias rasas (*shallow copies*) das matrizes em questão. Para compreender o que é uma cópia rasa é necessário realizar a leitura da seção 4.3.4.

A segunda é a de que, nas linhas 16, 20 e 24 foi realizada uma busca na matriz, e o retorno foi um vetor unidimensional, e não um bidimensional como no MATLAB® ou no Scilab. Para que o vetor bidimensional no formato correto seja retornado, é necessário que todos os campos de indexação utilizem as expressões de indexação com dois-pontos. A correção da Figura 4.32 para atender a esta funcionalidade é mostrada na Figura 4.33.

No caso da Figura 4.33, a indexação da linha 16 foi alterada de `[0, -3:]` para `[0:1, -3:]`. A indexação das colunas já foi explicada anteriormente e segue a notação com dois-pontos. Já a indexação das linhas foi alterada de `0` para `0:1`, que é uma indexação que se inicia na primeira posição indicada (0) e termina uma posição antes da última indicada (também 0, pois é o mesmo que 1 não incluso). Isso faz com que no console o Python imprima o resultado da linha 16 utilizando colchetes duplos, ao contrário do que acontece na Figura 4.32, o que demonstra que o vetor resultante é de fato um vetor bidimensional.

Algo muito parecido acontece na linha 20, em que a indexação `[-2:, 2]` foi substituída por `[-2:, 2:3]`. Neste caso a indexação das colunas passou a utilizar a notação com dois-pontos e representa uma seção da matriz que vai da coluna 2 (início incluso) até a coluna 2 (final não incluso). No console o resultado não só é um vetor bidimensional como é um vetor coluna. Na Figura 4.32 o resultado é apresentado em forma de um vetor unidimensional, impresso em forma de linha.

Finalmente, na linha 24 a correção e o resultado seguem a analogia do ocorrido na linha 16. As linhas 12 e 28 não foram alteradas pois, ao se acessar uma posição única de uma matriz se deseja de fato o valor daquele elemento e não uma matriz de uma posição.

4.3.4 Deep Copy vs. Shallow Copy

Quando se faz atribuição de valores a variáveis, uma preocupação que se deve ter em termos de programação é exatamente o que é salvo em uma variável. Em algumas linguagens prioriza-se salvar cópias independentes dos objetos atribuídos a variáveis, enquanto em outras mantém-se apenas uma cópia única do objeto em memória e se atribui apenas este endereço de memória a outras variáveis.

Script Python executado:

```
import numpy as np

M = np.array([np.linspace(1, 4, 4), np.linspace(5, 8, 4),
              np.linspace(9, 12, 4)])

print('Matriz M:\n', M, '\n')
print('Última posição da segunda linha:', M[1, -1])
print('Três últimos elementos da 1a linha:', M[0:1, -3:])
print('Dois últimos elementos da 3a coluna:\n', M[-2:, 2:3])
print('Segunda linha completa:', M[1:2, :])
print('Última posição da última linha:', M[-1, -1])
```

Console Python:

```
Matriz M:
 [[ 1.  2.  3.  4.]
 [ 5.  6.  7.  8.]
 [ 9. 10. 11. 12.]]

Última posição da segunda linha: 8.0
Três últimos elementos da 1a linha: [[2. 3. 4.]]
Dois últimos elementos da 3a coluna:
 [[ 7.]
 [11.]]
Segunda linha completa: [[5. 6. 7. 8.]]
Última posição da última linha: 12.0

Process finished with exit code 0
```

Figura 4.33: Realizando indexação por trechos no Python com retorno na forma de vetores bidimensionais.

Apesar de técnica, a explicação acima pode não ser muito clara ao leitor, por isso trata-se deste assunto com exemplos em ambas as linguagens.

Para testar este atributo em MATLAB®, primeiramente cria-se a matriz:

$$M = \begin{bmatrix} 8 & 1 & 6 \\ 3 & 5 & 7 \\ 4 & 9 & 2 \end{bmatrix}$$

Após isso, atribui-se a matriz `M` à variável N. Por fim, altera-se o valor de $N_{2,2}$ para 100 e verifica-se o que aconteceu com `M` e `N`. Isso é feito na Figura 4.34.

Script MATLAB® executado:

```
1 clear variables
2 close all
3 clc
4
5 M = [8 1 6;
6      3 5 7;
7      4 9 2];
8
9 N = M;
10
11 N(2,2) = 100;
12
13 disp('Matriz M:')
14 disp(M)
15
16 disp('Matriz N:')
17 disp(N)
```

Console MATLAB®:

```
Matriz M:
     8     1     6
     3     5     7
     4     9     2

Matriz N:
     8     1     6
     3   100     7
     4     9     2

>>
```

Figura 4.34: Testando *deep copy* e *shallow copy* no MATLAB®

Realizadas as operações propostas, observa-se que quando foi alterado o valor da posição 2, 2 na variável `N`, a variável `M` não se alterou. Isto indica que são objetos diferentes na memória do MATLAB®. Portanto, na linha 9 da Figura 4.34, a operação de atribuição de variável que foi feita criou uma nova cópia da matriz `M` e alocou seu valor na variável `N`, tornando ambas independentes. Este processo de criar uma nova cópia da variável na atribuição é chamado de *deep copy*, e apesar de consumir mais memória, é mais seguro em termos de programação, pois evita que se altere outras variáveis de maneira indesejada.

O MATLAB® trabalha apenas com atribuição de valores através de *deep copy*. Por isso o usuário normalmente não precisa se preocupar muito com a alteração de variáveis, pois todas são independentes.

Pode-se realizar exatamente o mesmo teste em Scilab. O resultado é mostrado na Figura 4.35.

Script Scilab executado:

```
clear
close(winsid())
clc

M = [8 1 6;
     3 5 7;
     4 9 2];

N = M;

N(2,2) = 100;

disp('Matriz M:')
disp(M)

disp('Matriz N:')
disp(N)
```

Console Scilab:

```
"Matriz M:"

8.   1.   6.
3.   5.   7.
4.   9.   2.

"Matriz N:"

8.   1.     6.
3.   100.   7.
4.   9.     2.
```

Figura 4.35: Testando *deep copy* e *shallow copy* no Scilab

No caso do Scilab a lógica é muito parecida com a do MATLAB®. Este ambiente também prioriza a criação de novas cópias independentes da variável que é atribuída. Por isso, o Scilab também utiliza o *deep copy*.

Já no caso do Python a lógica é um pouco diferente, por isso o exemplo criado nas Figuras 4.36 e 4.37 inclui, além dos mesmos comandos dos casos anteriores, alguns testes finais para discussão.

```
1 import numpy as np
2
3 M = np.array([[8, 1, 6],
4               [3, 5, 7],
5               [4, 9, 2]])
6
7 N = M
8 N[1, 1] = 100
9
10 print('Matriz M:')
11 print(M)
12 print('')
13 print('Matriz N:')
14 print(N)
15 print('-----------')
16 print('N == M: \n', N == M)
17 print('N is M: \n', N is M)
```

Figura 4.36: Testando *deep copy* e *shallow copy* no Python

Na linha 7 da Figura 4.36 ocorre uma atribuição de valores na qual a variável `N` recebe o valor da variável `M`. Logo após, na linha 8, altera-se apenas a posição 2,2 da matriz `N` (indexada como 1,1 em Python) para o valor 100 sem se alterar a matriz original `M`.

Ao imprimir ambas as matrizes, nas linhas 10 e 13, nota-se que em ambos os casos o valor da posição $2,2$ das matrizes foi alterado para 100. Isto se deve ao fato de que, quando a matriz `M` foi criada na memória, o Python criou um objeto que representa aquela matriz e guardou na variável `M` o endereço de memória referente àquele objeto. Na linha 7, quando foi feita a atribuição de valor, o Python, com o objetivo de economizar memória, guardou na variável `N` o mesmo endereço de memória que estava em `M` sem criar um novo objeto de matriz. Por isso, quando se alterou a matriz `N`, na linha 8, alterou-se o objeto apontado por `N` na posição $2,2$. Porém, este objeto também era apontado por `M`. Assim, a impressão final é a de que duas variáveis foram alteradas simultaneamente.

Este fato de se atribuir a uma variável um endereço de memória em

```
Matriz M:
[[  8   1   6]
 [  3 100   7]
 [  4   9   2]]

Matriz N:
[[  8   1   6]
 [  3 100   7]
 [  4   9   2]]
------------
N == M:
 [[ True  True  True]
 [ True  True  True]
 [ True  True  True]]
N is M:
 True

Process finished with exit code 0
```

Figura 4.37: Console referente ao script executado na Figura 4.36

vez de criar um novo objeto se chama *shallow copy*. Apesar do objetivo de economizar memória, o leitor deve estar atento ao fato de que isto acontece nas atribuições de variáveis do Python e em alguns outros casos, e deve também ser capaz de controlar seu código para que isto não aconteça a menos que desejado.

Outros testes importantes se referem aos valores guardados em `M` e `N` e podem ser observados nas linhas 16 e 17. O operador "`==`" no Python compara valores de objetos. Neste caso, ele compara os valores das matrizes posição a posição, e retorna verdadeiro (`True`) 9 vezes pois no fundo se compara uma matriz a ela mesma. Já o operador "`is`" não compara valores, mas sim endereços de memória. Portanto ele não retornará verdadeiro a menos que ambas as variáveis apontem para o mesmo endereço de memória. No caso ele retornou verdadeiro, comprovando que `M` e `N` apontam para o mesmo objeto na memória.

Para forçar um *deep copy* em vez de um *shallow copy*, o usuário pode utilizar uma função chamada `copy`, nativamente presente em vetores e listas. Desta forma é criada uma nova cópia do objeto em atribuição de valores e a lógica passa a ser a de `deep copy`. Para utilizar esta função no script da Figura 4.36 basta alterar a linha 7, conforme mostrado na Figura 4.38.

O leitor deve notar que ao utilizar a função `copy` na linha 7 da Figura 4.38, a variável `N` recebeu um endereço de memória referente a um objeto que é a cópia do objeto apontado por `M`. Assim, ao se alterar o valor da posição do elemento $2, 2$ na linha 8, agora apenas a matriz `N` foi alterada. No teste realizado na linha 16, apenas a posição 2,2 da matriz de resultados retornou "`False`" pois $5 \neq 100$. No teste realizado na linha 17 o retorno foi "`False`" pois agora `M` e `N` não apontam mais para os mesmos objetos na memória.

Também é necessário alertar o leitor de que operações de `slicing` de matrizes são realizadas através de *shallow copy*, conforme mostrado no exemplo da Figura 4.39.

No exemplo da Figura 4.39, realizou-se o slicing na linha 7 de forma que a matriz N passou a ser uma submatriz de `M` excluindo-se sua primeira linha e primeira coluna. A seguir, na linha 8, a posição 1,1 da matriz `N`, que corresponde à posição 2,2 da matriz `M`, foi alterada para o valor 100. No console do Python, na mesma figura, é possível notar que ambas as matrizes foram alteradas pela operação executada na linha 8, ou seja, apesar de não apontarem exatamente para as mesmas posições de memória,

Script Python executado:

```
import numpy as np

M = np.array([[8, 1, 6],
              [3, 5, 7],
              [4, 9, 2]])

N = M.copy()
N[1, 1] = 100

print('Matriz M:')
print(M)
print('')
print('Matriz N:')
print(N)
print('------------')
print('N == M: \n', N == M)
print('N is M: \n', N is M)
```

Console Python:

```
Matriz M:
[[8 1 6]
 [3 5 7]
 [4 9 2]]

Matriz N:
[[  8   1   6]
 [  3 100   7]
 [  4   9   2]]
------------
N == M:
 [[ True  True  True]
 [ True False  True]
 [ True  True  True]]
N is M:
 False

Process finished with exit
     code 0
```

Figura 4.38: Transformando *shallow copy* em *deep copy* no Python

Script Python executado:

```
1 import numpy as np
2
3 M = np.array([[8, 1, 6],
4               [3, 5, 7],
5               [4, 9, 2]])
6
7 N = M[1:3, 1:3]
8 N[0, 0] = 100
9
10 print('Matriz M:')
11 print(M)
12 print('')
13 print('Matriz N:')
14 print(N)
```

Console Python:

```
Matriz M:
[[  8   1   6]
 [  3 100   7]
 [  4   9   2]]

Matriz N:
[[100   7]
 [  9   2]]

Process finished with exit
    code 0
```

Figura 4.39: Encontrando *shallow copy* em *slicing* no Python

`M` e `N` ainda apontam para o mesmo objeto, mas de formas diferentes. O uso da função `copy` na linha 7 é capaz de resolver este problema, conforme mostrado na Figura 4.40.

4.3.5 Atribuição de Valores em Indexação por Trechos

Da mesma forma que é possível indexar matrizes por trechos para obter submatrizes, é possível utilizar esta indexação para atribuir valores a posições específicas das matrizes. Isso pode ser feito de duas formas: utilizando um escalar ou uma matriz ou vetor.

Se for utilizado um escalar, todas as posições da matriz ou vetor acessadas pela indexação por trecho receberão o valor do mesmo escalar. Se for utilizada uma matriz ou vetor, a matriz ou vetor deve possuir o mesmo tamanho da indexação por trechos resultante. Assim, cada posição indexada receberá o valor correspondente que está na nova matriz.

Os exemplos são mais fáceis de compreender em ambas as linguagens se o leitor observar os exemplos das Figuras 4.41 a 4.43.

Script Python executado:

```
import numpy as np

M = np.array([[8, 1, 6],
              [3, 5, 7],
              [4, 9, 2]])

N = M[1:3, 1:3].copy()
N[0, 0] = 100

print('Matriz M:')
print(M)
print('')
print('Matriz N:')
print(N)
```

Console Python:

```
Matriz M:
[[8 1 6]
 [3 5 7]
 [4 9 2]]

Matriz N:
[[100   7]
 [  9   2]]

Process finished with exit
   code 0
```

Figura 4.40: Consertando *shallow copy* em *slicing* no Python

4.3.6 Indexação Condicional

A indexação condicional é uma forma de indexação de matrizes e vetores que não utiliza valores de índices diretamente, mas sim condições que devem ser obedecidas por valores encontrados em uma determinada matriz ou vetor. Este tipo de indexação é muito interessante pois poupa ao programador um grande trabalho de executar laços de programação na busca por determinados valores em sua matriz ou vetor.

Este tipo de indexação permite que se realize buscas dentro de vetores ou matrizes ou ainda que se altere apenas valores que obedecem a determinadas condições.

Para demonstrar o funcionamento deste tipo de indexação, utiliza-se novamente a matriz:

$$M = \begin{bmatrix} 8 & 1 & 6 \\ 3 & 5 & 7 \\ 4 & 9 & 2 \end{bmatrix}$$

Para esta matriz, deseja-se, primeiramente, buscar todos os valores nela presentes que sejam maiores do que 5 e depois se deseja alterar estes valores para o valor 100. Isto é realizado, em MATLAB®, no exemplo da

Script MATLAB® executado:

```
clear variables
close all
clc

M = [8 1 6;
     3 5 7;
     4 9 2];

disp('Matriz M:')
disp(M)
disp('')

M(2:3,2:3) = 11;

disp('Matriz M:')
disp(M)
disp('')

M(1:2,1:2) = [101 102;
              103 104];

disp('Matriz M:')
disp(M)
```

Console MATLAB®:

```
Matriz M:
     8     1     6
     3     5     7
     4     9     2

Matriz M:
     8     1     6
     3    11    11
     4    11    11

Matriz M:
   101   102     6
   103   104    11
     4    11    11

>>
```

Figura 4.41: Trabalhando atribuições de valores com indexação por trechos em MATLAB®

Script Scilab executado:

```
clear
close(winsid())
clc

M = [8 1 6;
     3 5 7;
     4 9 2];

disp('Matriz M:')
disp(M)
disp('')

M(2:3,2:3) = 11;

disp('Matriz M:')
disp(M)
disp('')

M(1:2,1:2) = [101 102;
              103 104];

disp('Matriz M:')
disp(M)
```

Console Scilab:

```
"Matriz M:"

 8.   1.   6.
 3.   5.   7.
 4.   9.   2.

""

"Matriz M:"

 8.   1.    6.
 3.   11.   11.
 4.   11.   11.

""

"Matriz M:"

 101.   102.   6.
 103.   104.   11.
 4.     11.    11.
```

Figura 4.42: Trabalhando atribuições de valores com indexação por trechos em Scilab

Script Python executado:

```
import numpy as np

M = np.array([[8, 1, 6],
              [3, 5, 7],
              [4, 9, 2]])

print('Matriz M:')
print(M)
print('')

M[1:3, 1:3] = 11

print('Matriz M:')
print(M)
print('')

M[0:2, 0:2] = np.array([[101, 102],
                        [103, 104]])

print('Matriz M:')
print(M)
```

Console Python:

```
Matriz M:
[[8 1 6]
 [3 5 7]
 [4 9 2]]

Matriz M:
[[ 8  1  6]
 [ 3 11 11]
 [ 4 11 11]]

Matriz M:
[[101 102   6]
 [103 104  11]
 [  4  11  11]]

Process finished with exit
   code 0
```

Figura 4.43: Trabalhando atribuições de valores com indexação por trechos em Python

Figura 4.44.

Script MATLAB® executado:

```
1  clear variables
2  close all
3  clc
4
5  M = [8 1 6;
6       3 5 7;
7       4 9 2];
8
9  % Buscando valores
10 % maiores do que 5:
11 x = M(M>5);
12 disp('Valores >5 em M:')
13 disp(x)
14
15 % Alterando valores
16 % maiores do que 5:
17 M(M>5) = 100;
18 disp('Matriz M:')
19 disp(M)
```

Console MATLAB®:

```
Valores >5 em M:
     8
     9
     6
     7

Matriz M:
   100     1   100
     3     5   100
     4   100     2

>>
```

Figura 4.44: Trabalhando indexação condicional em MATLAB®

O leitor deve notar que na linha 11 da Figura 4.44, foi possível realizar uma busca na matriz `M` por todos os elementos maiores do que 5 utilizando apenas um comando. No lugar de índices para linhas e colunas, dentro dos parênteses simples o usuário deve criar uma expressão lógica utilizando o próprio nome da matriz. O comando `M(M>5)` representa: “todos os elementos em `M` que sejam maiores do que 5”. No console o valor de `x` é um vetor coluna com os valores 6, 7, 8 e 9, não necessariamente em ordem.

Já na linha 17, utiliza-se uma indexação condicional para atribuir valores a posições que obedecem a alguma condição. O comando `M(M>5)=100` representa: “todos os elementos de `M` que forem maiores do que 5 recebem 100”. O resultado é visto claramente no console da Figura 4.44.

É possível também criar indexações condicionais com vetores e matrizes diferentes. Este exemplo é mostrado na Figura 4.45.

Script MATLAB® executado:

```
1 clear variables
2 close all
3 clc
4
5 M = [8 1 6;
6      3 5 7;
7      4 9 2];
8
9 I = eye(3);
10
11 M(I==1) = 5555;
12
13 disp('Matriz M:')
14 disp(M)
```

Console MATLAB®:

```
Matriz M:
        5555           1           6
           3        5555           7
           4           9        5555

>>
```

Figura 4.45: Trabalhando indexação condicional em MATLAB®

No caso da Figura 4.45, a matriz `I` é uma matriz identidade 3 × 3. A expressão da linha 11, `M(I==1) = 100` pode ser lida como: "todos os elementos de `M`, nas posições em que os elementos de `I` forem 1, recebem o valor 100".

O conceito de indexação condicional é muito importante nas linguagens abordadas neste trabalho, e se bem trabalhados pelo leitor, podem poupar muito trabalho e tornar o código eficiente e seguro, uma vez que as implementações destas indexações também são eficientes.

Os exemplos mostrados em MATLAB® também são implementados em Scilab e Python nas Figuras 4.46 a 4.49.

```
clear
close(winsid())
clc

M = [8 1 6;
     3 5 7;
     4 9 2];

// Buscando valores
// maiores do que 5:
x = M(M>5);
disp('Valores >5 em M:')
disp(x)

// Alterando valores
// maiores do que 5:
M(M>5) = 100;
disp('Matriz M:')
disp(M)

// Indexando com matrizes
// diferentes
I = eye(3,3);

M(I==1) = 5555;

disp('Matriz M:')
disp(M)
```

Figura 4.46: Trabalhando indexação condicional em Scilab

Neste caso específico, não há grandes diferenças entre o Python e as outras linguagens, exceto pelo uso de colchetes quadrados no lugar de parênteses. O comando de busca utilizado na linha 9 da Figura 4.48 cria

```
"Valores >5 em M:"

 8.
 9.
 6.
 7.

"Matriz M:"

 100.   1.     100.
 3.     5.     100.
 4.     100.   2.

"Matriz M:"

 5555.   1.      100.
 3.      5555.   100.
 4.      100.    5555.
```

Figura 4.47: Console resultante da execução do script da Figura 4.46.

```
import numpy as np

M = np.array([[8, 1, 6],
              [3, 5, 7],
              [4, 9, 2]])

# Buscando valores
# maiores do que 5
x = M[M > 5]
print('Valores >5 em M:')
print(x)
print('')

# Alterando valores
# maiores do que 5
M[M > 5] = 100
print('Matriz M:')
print(M)
print('')

# Indexando com matrizes
# diferentes
Id = np.eye(3)
M[Id == 1] = 5555

print('Matriz M:')
print(M)
```

Figura 4.48: Trabalhando indexação condicional em Python

```
Valores >5 em M:
[8 6 7 9]

Matriz M:
[[100   1 100]
 [  3   5 100]
 [  4 100   2]]

Matriz M:
[[5555    1  100]
 [   3 5555  100]
 [   4  100 5555]]

Process finished with exit code 0
```

Figura 4.49: Console resultante da execução do script da Figura 4.48.

um novo elemento na memória, ou seja, utiliza *deep copy*, por isso o vetor resultante pode ser alterado conforme a conveniência.

4.4 Concatenação de Vetores e Matrizes

A concatenação de matrizes e vetores é uma funcionalidade muito usual de linguagens criadas para a programação científica. Pode-se utilizar matrizes menores para a criação de uma matriz maior ou partes de vetores de dados para criar um vetor maior.

Obviamente, a concatenação de matrizes ou vetores depende da compatibilidade entre as dimensões das matrizes e vetores que se deseja concatenar. Nos exemplos a seguir utiliza-se duas matrizes. Uma é a matriz `M`, utilizada em exemplos anteriores, e a outra é a matriz identidade, chamada de `Id`.

Ambas as matrizes são escolhidas como matrizes 3×3. Primeiramente se concatena as matrizes verticalmente e depois se concatena-as horizontalmente. A implementação em MATLAB® é mostrada na Figura 4.50.

A concatenação vertical é mostrada na linha 12 da Figura 4.50. Utiliza-

Script MATLAB® executado:

```
clear variables
close all
clc

M = [8 1 6;
     3 5 7;
     4 9 2];

Id = eye(3);

% Na vertical:
Vert = [M;Id];
disp('Vertical:')
disp(Vert)
disp('')

% Na horizontal:
Horz = [M Id];
disp('Horizontal:')
disp(Horz)
```

Console MATLAB®:

```
Vertical:
    8     1     6
    3     5     7
    4     9     2
    1     0     0
    0     1     0
    0     0     1

Horizontal:
    8     1     6     1     0     0
    3     5     7     0     1     0
    4     9     2     0     0     1

>>
```

Figura 4.50: Concatenando matrizes em MATLAB®

se os colchetes quadrados e a mesma sintaxe da montagem manual de matrizes. Porém, no lugar de escalares, utiliza-se as variáveis que guardam cada uma das matrizes. No caso da concatenação na vertical, é importante que ambas as matrizes possuam o mesmo número de colunas. Uma vez que ambas as matrizes são 3×3, a matriz resultante (guardada em `Vert`) é 6×3.

Já a concatenação na horizontal é mostrada na linha 18 da Figura 4.50. A sintaxe continua sendo a mesma da montagem manual de matrizes. Na linha 12 a matriz `M` deveria estar na parte superior enquanto a matriz `Id` deveria estar na parte inferior, por isso são separadas por ponto-e-vírgula. Já na linha 18 as matrizes devem estar dispostas lateralmente, por isso são separadas por um espaço simples, mas poderiam também ser separadas por vírgula simples. Neste caso é importante que as matrizes possuam a mesma quantidade de linhas, e a matriz resultante (guardada em `Horz`) é 3×6.

Devido às semelhanças inerentes entre as duas linguagens, a implementação no Scilab, mostrada na Figura 4.51 é muito parecida com a implementação no MATLAB®. É necessário chamar atenção à função `eye`. Enquanto no MATLAB®, `eye(3)` gera uma matriz identidade 3×3, no Scilab, `eye(3)` retornará uma matriz identidade do tamanho da matriz passada como argumento, ou seja, neste caso, retornará apenas o número 1 (matriz identidade 1×1). Por isso, no Scilab é necessário realizar a chamada `eye(3,3)`.

À exceção da diferença entre as chamadas das funções `eye`, a sintaxe e a lógica das concatenações no Scilab é exatamente igual à do MATLAB®.

A implementação em Python possui algumas diferenças importantes e é mostrada na Figura 4.52.

A concatenação vertical, em Python, é feita na linha 10 da Figura 4.52. O Python não aceita a mesma notação do MATLAB® e do Scilab, com colchetes quadrados. Para realizar a concatenação é necessário utilizar a função `append` do módulo `numpy`. Esta função é criada especificamente para concatenar matrizes.

A chamada da função `append` é realizada da seguinte forma:

```
append(<Array 1>, <Array 2>, <Eixo (op.)>)
```

Os arrays 1 e 2 são as matrizes ou vetores que se deseja concatenar, e são parâmetros obrigatórios. É necessário se atentar para a dimensionalidade e tamanho das entidades escolhidas. Além dos números de linhas

Script Scilab executado:

```
clear
close(winsid())
clc

M = [8 1 6;
     3 5 7;
     4 9 2];

Id = eye(3,3);

// Na vertical:
Vert = [M;Id];
disp('Vertical:')
disp(Vert)
disp('')

// Na horizontal:
Horz = [M Id];
disp('Horizontal:')
disp(Horz)
```

Console Scilab:

```
"Vertical:"

8.   1.   6.
3.   5.   7.
4.   9.   2.
1.   0.   0.
0.   1.   0.
0.   0.   1.

""

"Horizontal:"

8.   1.   6.   1.   0.   0.
3.   5.   7.   0.   1.   0.
4.   9.   2.   0.   0.   1.
```

Figura 4.51: Concatenando matrizes em Scilab

Script Python executado:

```python
import numpy as np

M = np.array([[8, 1, 6],
              [3, 5, 7],
              [4, 9, 2]])

Id = np.eye(3)

# Na vertical:
Vert = np.append(M, Id, 0)
print('Vertical:')
print(Vert)
print()

# Na Horizontal:
Horz = np.append(M, Id, 1)
print('Horizontal:')
print(Horz)
print()

# Vetores
v1 = np.array(range(4))
v2 = np.array(range(100, 96, -1))
w = np.append(v1, v2)

print('Vetores:')
print(w)
```

Console Python:

```
Vertical:
[[8. 1. 6.]
 [3. 5. 7.]
 [4. 9. 2.]
 [1. 0. 0.]
 [0. 1. 0.]
 [0. 0. 1.]]

Horizontal:
[[8. 1. 6. 1. 0. 0.]
 [3. 5. 7. 0. 1. 0.]
 [4. 9. 2. 0. 0. 1.]]

Vetores:
[  0   1   2   3 100  99  98
   97]

Process finished with exit
   code 0
```

Figura 4.52: Concatenando matrizes e vetores em Python

e colunas deverem ser adequados, também há a necessidade de se concatenar vetores unidimensionais com unidimensionais e bidimensionais com bidimensionais.

O terceiro argumento, que é o eixo, é opcional. Este argumento permite informar à função a forma como se deseja concatenar os vetores não unidimensionais. No caso de matrizes, o valor 0 representa a concatenação na vertical (concatenar as matrizes como linhas) e o valor 1 representa a opção de concatenar as matrizes na horizontal (como colunas).

Por isso, a diferença entre os comandos utilizados nas linhas 10 e 16 da Figura 4.52 é exatamente o terceiro argumento, que transforma a concatenação vertical em horizontal. O restante é igual.

Como o Python possui também a questão dos vetores unidimensionais, a partir da linha 21 da Figura 4.52 realiza-se também uma concatenação entre vetores unidimensionais. Neste caso, a única diferença é que não é necessário informar o argumento "eixo", uma vez que os vetores são unidimensionais e só há uma maneira de concatená-los.

Chama-se atenção para a chamada da função `range` nas linhas 22 e 23. Na linha 22 deseja-se criar um vetor $\{0, 1, 2, 3\}$, ou seja, um vetor que se inicia em zero, termina em 3 e possui passo 1. Neste caso é possível informar apenas o final não incluso do vetor, uma vez que a função range assume por padrão o início em zero e o passo 1.

Já na linha 23, o início, o final e o passo do vetor não são os padrões. Por isso, informa-se o início (100) o final não incluso (96, ou seja, o vetor termina em 97), e o passo (-1).

4.5 Excluindo Linhas e Colunas

Uma funcionalidade muito importante nas linguagens de programação científica é a habilidade de se remover linhas e colunas de matrizes. Isto pode ser utilizado para diversas finalidades, e é necessário saber realizar a deleção destas entidades de maneira controlada.

No MATLAB®, quando se deseja remover uma linha ou coluna de uma matriz, utiliza-se a indexação por trechos e àquele trecho se atribui o valor vazio, que no MATLAB® é representado por `[]`.Um exemplo do uso destas funcionalidades é mostrado na Figura 4.53.

No exemplo mostrado na Figura 4.53 utilizou-se sempre uma matriz auxiliar `A` para guardar uma cópia de `M` e nesta matriz `A` foi realizada a deleção das linhas ou colunas.

Script MATLAB® executado:

```
clear variables
close all
clc

M = [1:4; 5:8; 9:12];
disp('Matriz M:')
disp(M)

disp('M sem a linha 2:')
A = M;
A(2,:) = [];
disp(A)

disp('M sem a coluna 3:')
A = M;
A(:,3) = [];
disp(A)

disp('M sem as colunas 2 e 3:')
A = M;
A(:,2:3) = [];
disp(A)
```

Console MATLAB®:

```
Matriz M:
     1     2     3     4
     5     6     7     8
     9    10    11    12

M sem a linha 2:
     1     2     3     4
     9    10    11    12

M sem a coluna 3:
     1     2     4
     5     6     8
     9    10    12

M sem as colunas 2 e 3:
     1     4
     5     8
     9    12

>>
```

Figura 4.53: Removendo linhas e colunas de matrizes em MATLAB®

As operações de deleção acontecem nas linhas 11, 16 e 21. Na linha 11 a linha 2 da matriz é excluída, na linha 16 a coluna 3 da matriz é excluída e na linha 21 utiliza-se a indexação por trechos para excluir duas colunas simultaneamente. A exclusão é feita simplesmente através da atribuição do valor vazio (`[]`) ao trecho referenciado.

O Scilab utiliza exatamente a mesma lógica e a mesma sintaxe. O exemplo da Figura 4.53 é reimplementado em Scilab na Figura 4.54.

Script Scilab executado:

```
1 clear
2 close(winsid())
3 clc
4
5 M = [1:4; 5:8; 9:12];
6 disp('Matriz M:')
7 disp(M)
8
9 disp('M sem a linha 2:')
10 A = M;
11 A(2,:) = [];
12 disp(A)
13
14 disp('M sem a coluna 3:')
15 A = M;
16 A(:,3) = [];
17 disp(A)
18
19 disp('M sem as colunas 2 e
       3:')
20 A = M;
21 A(:,2:3) = [];
22 disp(A)
```

Console Scilab:

```
"Matriz M:"

1.   2.    3.    4.
5.   6.    7.    8.
9.   10.   11.   12.

"M sem a linha 2:"

1.   2.    3.    4.
9.   10.   11.   12.

"M sem a coluna 3:"

1.   2.    4.
5.   6.    8.
9.   10.   12.

"M sem as colunas 2 e 3:
 "

1.   4.
5.   8.
9.   12.
```

Figura 4.54: Removendo linhas e colunas de matrizes em Scilab

Já no Python é necessário utilizar a função `delete` do módulo `numpy`. Passa-se como argumentos a matriz base, o índice das linhas ou colunas que se deseja excluir e um parâmetro que, se 0 informa que as linhas com os índices mencionados serão excluídas e se 1 as colunas com os índices informados serão excluídas. A implementação em Python é mostrada na Figura 4.55.

Script Python executado:

```
1  import numpy as np
2
3  M = np.array([np.linspace(1, 4, 4),
4                np.linspace(5, 8, 4),
5                np.linspace(9, 12, 4)])
6
7  print('Matriz M:')
8  print(M)
9  print()
10
11 print('M sem a linha 2:')
12 print(np.delete(M, 1, 0))
13 print()
14
15 print('M sem a coluna 3:')
16 print(np.delete(M, 2, 1))
17 print()
18
19 print('M sem as colunas 2 e 3:')
20 print(np.delete(M, slice(1, 3), 1))
```

Console Python:

```
Matriz M:
[[ 1.  2.  3.  4.]
 [ 5.  6.  7.  8.]
 [ 9. 10. 11. 12.]]

M sem a linha 2:
[[ 1.  2.  3.  4.]
 [ 9. 10. 11. 12.]]

M sem a coluna 3:
[[ 1.  2.  4.]
 [ 5.  6.  8.]
 [ 9. 10. 12.]]

M sem as colunas 2 e 3:
[[ 1.  4.]
 [ 5.  8.]
 [ 9. 12.]]

Process finished with exit code 0
```

Figura 4.55: Removendo linhas e colunas de matrizes em Python

Na linha 12 da Figura 4.55, o primeiro argumento da função `delete` é a matriz de referência `M`, o segundo é o índice 1 e o terceiro é o eixo 0. Combinando as informações a função compreende que o índice 1 é um índice de *linha*, portanto a *linha* com índice 1 da matriz `M` deve ser excluída.

Com estas informações, a função **`delete`** não altera a matriz `M`, mas sim retorna uma cópia (*deep copy*) desta matriz com a linha em questão excluída.

Analogamente, na linha 16, como o eixo informado é 1 e o índice informado é 2, então a *coluna* de índice 2 da matriz `M` deve ser excluída. Como antes a matriz `M` não é alterada, mas sim a função **`delete`** retorna uma cópia dela com a coluna excluída.

Na linha 20 se realiza a exclusão de múltiplas colunas simultaneamente. Para que isso aconteça, no campo do índice a função **`delete`** aceita um elemento do Python chamado de **`slice`**. Este elemento nada mais é do que a representação programática da indexação de *slicing*, que se faz no Python utilizando os dois-pontos ("`:`").

A função **`slice`** é nativa da linguagem Python e aceita até 3 argumentos na forma a seguir:

```
slice(<início (opcional)>, <final>, <passo (opcional)>)
```

A ordem dos argumentos é exatamente igual à ordem utilizada na notação com dois-pontos, bem como a lógica utilizada. Assim, na linha 20 da Figura 4.55, o índice é informado através da chamada `slice(1, 3)`. Esta chamada significa exatamente o mesmo que a notação `1:3`, mas esta notação, em Python, pode apenas ser usada para indexação de matrizes e vetores, e geraria um erro se utilizada neste contexto. Ou seja, no fim das contas, a chamada `slice(1, 3)` significa que se informa os índices de 1 a 2.

Combinando esta informação com o eixo (1), já se sabe que se deseja excluir as colunas de índice 1 e 2 da matriz `M` simultaneamente. O resultado pode ser verificado no console da Figura 4.55.

4.6 Operações Matriciais com Matrizes e Vetores

Neste ponto do material o leitor já deve estar apto a criar matrizes da forma que desejar e precisar. Assim, é possível agora introduzir as operações básicas que se pode realizar com matrizes.

A primeira operação básica que se pode realizar com uma matriz é o cálculo de sua transposta. Em ambas as linguagens esta operação é muito simples de se fazer, conforme mostrado nas Figuras 4.56 a 4.61. Em MATLAB® e no Scilab se utiliza o operador ponto-linha (“`.'`”) para realizar a transposição. Alguns autores utilizam somente o operador linha(“`'`”). O problema com isso é que este operador determina que se calcule o hermitiano da matriz, ou seja, seu complexo-conjugado transposto. Se as matrizes forem reais o resultado é a matriz transposta, mas se houver partes imaginárias, o resultado será diferente da transposta da matriz. Por isso se deve tomar o cuidado de usar o ponto.

```
clear variables
close all
clc

M = [8, 1, 6; 3, 5, 7; 4, 9, 2];

disp('M transposta:')
disp(M.')
disp('M inversa:')
disp(inv(M))
disp('det(M):')
disp(det(M))
disp('Mult. por escalar:')
disp(M*10)
disp('Div. por escalar:')
disp(M/10)
disp('Soma com escalar:')
disp(M+10)
disp('Subtrair escalar:')
disp(M-10)
```

Figura 4.56: Realizando operações básicas com matrizes em MATLAB®

O cálculo da inversa e do determinante da matriz podem ser feitos (evidentemente, desde que a matriz seja quadrada) utilizando as funções `det` e `inv` do MATLAB® e do Scilab. No Python estas funções também estão presentes no pacote `numpy`, porém elas estão dentro de um sub-

```
M transposta:
     8     3     4
     1     5     9
     6     7     2

M inversa:
    0.1472   -0.1444    0.0639
   -0.0611    0.0222    0.1056
   -0.0194    0.1889   -0.1028

det(M):
  -360

Mult. por escalar:
    80    10    60
    30    50    70
    40    90    20

Div. por escalar:
    0.8000    0.1000    0.6000
    0.3000    0.5000    0.7000
    0.4000    0.9000    0.2000

Soma com escalar:
    18    11    16
    13    15    17
    14    19    12

Subtrair escalar:
    -2    -9    -4
    -7    -5    -3
    -6    -1    -8
```

Figura 4.57: Console resultante da execução do script da Figura 4.56

```
clear
close(winsid())
clc

M = [8, 1, 6;
     3, 5, 7;
     4, 9, 2];

disp('M transposta:')
disp(M.')

disp('M inversa:')
disp(inv(M))

disp('det(M):')
disp(det(M))

disp('Mult. por escalar:')
disp(M*10)

disp('Div. por escalar:')
disp(M/10)

disp('Soma com escalar:')
disp(M+10)

disp('Subtrair escalar:')
disp(M-10)
```

Figura 4.58: Realizando operações básicas com matrizes em Scilab

```
"M transposta:"
 8.   3.   4.
 1.   5.   9.
 6.   7.   2.

"M inversa:"
 0.1472  -0.1444   0.0639
-0.0611   0.0222   0.1056
-0.0194   0.1889  -0.1028

"det(M):"
-360.

"Mult. por escalar:"
 80.   10.   60.
 30.   50.   70.
 40.   90.   20.

"Div. por escalar:"
 0.8   0.1   0.6
 0.3   0.5   0.7
 0.4   0.9   0.2

"Soma com escalar:"
 18.   11.   16.
 13.   15.   17.
 14.   19.   12.

"Subtrair escalar:"
-2.  -9.  -4.
-7.  -5.  -3.
-6.  -1.  -8.
```

Figura 4.59: Console resultante da execução do script da Figura 4.58

```
import numpy as np

M = np.array([[8, 1, 6],
              [3, 5, 7],
              [4, 9, 2]])

print('M transposta:')
print(M.T, '\n')

print('M inversa:')
print(np.linalg.inv(M))
print()

print('det(M):')
print(np.linalg.det(M))
print()

print('Mult. por escalar:')
print(M * 10, '\n')

print('Div. por escalar:')
print(M / 10, '\n')

print('Soma com escalar:')
print(M + 10, '\n')

print('Subtrair escalar:')
print(M - 10)
```

Figura 4.60: Realizando operações básicas com matrizes em Python

```
M transposta:
[[8 3 4]
 [1 5 9]
 [6 7 2]]

M inversa:
[[ 0.1472 -0.1444  0.0639]
 [-0.0611  0.0222  0.1056]
 [-0.0194  0.1889 -0.1028]]

det(M):
-359.9999999999997

Mult. por escalar:
[[80 10 60]
 [30 50 70]
 [40 90 20]]

Div. por escalar:
[[0.8 0.1 0.6]
 [0.3 0.5 0.7]
 [0.4 0.9 0.2]]

Soma com escalar:
[[18 11 16]
 [13 15 17]
 [14 19 12]]

Subtrair escalar:
[[-2 -9 -4]
 [-7 -5 -3]
 [-6 -1 -8]]
```

Figura 4.61: Console resultante da execução do script da Figura 4.60

pacote de álgebra linear do `numpy` chamado `linalg`. Assim, a chamada para estas funções deve incluir este sub-pacote, como mostrado nas linhas 12 e 16 da Figura 4.60.

Todas as três linguagens permitem operações entre matrizes e escalares. Estas operações funcionam de forma ponto-a-ponto, ou seja, a operação é feita entre o escalar e cada um dos elementos da matriz separadamente. Quatro exemplos de operações entre matrizes e escalares são mostrados nas Figuras 4.56 a 4.61.

Dado que as dimensões sejam compatíveis, também é possível realizar operações entre matrizes. As operações matriciais mais exploradas são a soma, a subtração, a multiplicação, a multiplicação pela inversa e a potenciação (ambas matriciais, e não elemento a elemento). Exemplos destas operações são mostrados nas Figuras 4.62 a 4.65 em ambas as linguagens.

' Em todos os exemplos das Figuras 4.62 a 4.65 as mesmas operações são executadas em sequência com as mesmas matrizes. A primeira operação é a multiplicação matricial entra as matrizes `A` e `B`, que é feita através do operador `*` em MATLAB® e Scilab e através do operador em Python.

A segunda e a terceira operações são a soma e a subtração entre matrizes, que são invariavelmente feitas elemento a elemento. Essas operações são realizadas com os operadores `+` e `-` em ambas as linguagens.

Na sequência, a quarta operação é a potenciação matricial, na qual se eleva a matriz `A` ao quadrado matricialmente. Para efeito de comparação, a quinta operação é a multiplicação matricial da matriz `A` por ela mesma. Desta forma, examinando os resultados do console, o leitor consegue verificar que a operação se trata de uma potenciação matricial, e não de apenas elevar cada elemento da matriz ao quadrado.

A potenciação matricial é feita no MATLAB® e no Scilab através do acento circunflexo (∧) e no Python através da função `matrix_power`, que fica no módulo `linalg`, interno ao módulo `numpy`. Utilizar o operador "∧" em Python força a potenciação a ser feita elemento a elemento, como será mostrado nos próximos exemplos.

A sexta e a sétima operações dos exemplos das Figuras 4.62 a 4.65 fazem uso de atalhos interessantes presentes no MATLAB® e no Scilab, que permitem multiplicações pelo inverso das matrizes em questão. Por isso elas usam as barras, quc são os sinais de divisão.

Obviamente, não é possível realizar a divisão por uma matriz, mas é possível multiplicar uma matriz pelo inverso de outra. O sexto comando

Script MATLAB® executado:

```
clear variables
close all
clc

A = [8 1 6
     3 5 7
     4 9 2];

B = [1 3 2
     4 5 6
     7 8 9];

disp('A*B:')
disp(A*B)

disp('A+B:')
disp(A+B)

disp('A-B:')
disp(A-B)

disp('A^2')
disp(A^2)

disp('A*A:')
disp(A*A)

disp('A/B:')
disp(A/B)

disp('A\B:')
disp(A\B)
```

Console MATLAB®:

```
A*B:
    54    77    76
    72    90    99
    54    73    80
A+B:
     9     4     8
     7    10    13
    11    17    11
A-B:
     7    -2     4
    -1     0     1
    -3     1    -7
A^2
    91    67    67
    67    91    67
    67    67    91
A*A:
    91    67    67
    67    91    67
    67    67    91
A/B:
   -4.0000   -1.6667    2.6667
   -0.0000    3.6667   -1.6667
    4.0000   -7.0000    4.0000
A\B:
    0.0167    0.2306    0.0028
    0.7667    0.7722    0.9611
    0.0167    0.0639    0.1694

>>
```

Figura 4.62: Realizando operações matriciais em MATLAB®

Script Scilab executado:

```
clear
close(winsid())
clc

A = [8 1 6
     3 5 7
     4 9 2];

B = [1 3 2
     4 5 6
     7 8 9];

disp('A*B:')
disp(A*B)

disp('A+B:')
disp(A+B)

disp('A-B:')
disp(A-B)

disp('A^2')
disp(A^2)

disp('A*A:')
disp(A*A)

disp('A/B:')
disp(A/B)

disp('A\B:')
disp(A\B)
```

Console Scilab:

```
"A*B:"
 54.   77.   76.
 72.   90.   99.
 54.   73.   80.
"A+B:"
 9.    4.    8.
 7.    10.   13.
 11.   17.   11.
"A-B:"
 7.  -2.   4.
-1.   0.   1.
-3.   1.  -7.
"A^2"
 91.   67.   67.
 67.   91.   67.
 67.   67.   91.
"A*A:"
 91.   67.   67.
 67.   91.   67.
 67.   67.   91.
"A/B:"
-4.          -1.667   2.667
-7.401D-16    3.667  -1.667
 4.          -7.      4.
"A\B:"
 0.0167   0.2306   0.0028
 0.7667   0.7722   0.9611
 0.0167   0.0639   0.1694
```

Figura 4.63: Realizando operações matriciais em Scilab

```
import numpy as np

A = np.array([[8, 1, 6],
              [3, 5, 7],
              [4, 9, 2]])

B = np.array([[1, 3, 2],
              [4, 5, 6],
              [7, 8, 9]])

print('A*B:\n', A @ B)
print('A+B:\n', A + B)
print('A-B:\n', A - B)
print('A^2 \n', np.linalg.matrix_power(A, 2))
print('A*A:\n', A @ A)
print('A/B:\n', A @ np.linalg.inv(B))
print('A\\B:\n', np.linalg.inv(A) @ B)
```

Figura 4.64: Realizando operações matriciais em Python

```
A*B:
 [[54 77 76]
 [72 90 99]
 [54 73 80]]
A+B:
 [[ 9  4  8]
 [ 7 10 13]
 [11 17 11]]
A-B:
 [[ 7 -2  4]
 [-1  0  1]
 [-3  1 -7]]
A^2
 [[91 67 67]
 [67 91 67]
 [67 67 91]]
A*A:
 [[91 67 67]
 [67 91 67]
 [67 67 91]]
A/B:
 [[-4.0000e+00 -1.6667e+00  2.6667e+00]
 [-5.5511e-17  3.6667e+00 -1.6667e+00]
 [ 4.0000e+00 -7.0000e+00  4.0000e+00]]
A\B:
 [[0.0167 0.2306 0.0028]
 [0.7667 0.7722 0.9611]
 [0.0167 0.0639 0.1694]]
```

Figura 4.65: Console resultante da execução do script da Figura 4.64

envolve a expressão `A/B`, que é válida em MATLAB® e em Scilab. O leitor deve notar que a matriz `B` está abaixo da barra utilizada, por isso esta será a matriz invertida. No caso, $A/B = A * B^{-1}$, nesta ordem (porque a ordem no produto matricial é importante). Assim, em Python esta expressão pode ser traduzida por `A @ np.linalg.inv(B)`.

Utilizando a mesma lógica, na sétima operação realiza-se o comando `A\B`, reconhecido no MATLAB® e no Scilab. Como `A` é a matriz abaixo da barra, então esta é a matriz a ser invertida. Assim, $A\backslash B = A^{-1} * B$, o que pode ser traduzido em Python como `np.linalg.inv(A) @ B`.

4.7 Operações Ponto-a-Ponto Entre Matrizes e Vetores

Em alguns casos, apesar de se estar trabalhando com matrizes e vetores, alguns algoritmos pedem que as operações feitas entre estes elementos não sejam matriciais, mas sim operações chamadas de "ponto-a-ponto".

Operações ponto-a-ponto são operações realizadas entre elementos da mesma posição de duas matrizes ou vetores diferentes, e seu resultado é armazenado na mesma posição de um terceiro vetor ou matriz. Isso implica que, para operações ponto-a-ponto, os vetores e matrizes devem possuir as mesmas dimensões.

Um exemplo de operação que ocorre ponto-a-ponto de maneira natural é a soma ou subtração de duas matrizes. Porém, outras operações como multiplicação, divisão e potenciação devem ser exploradas em particular.

Iniciando pelo MATLAB®, quando se usa o operador "`*`" o ambiente entende que se deseja realizar uma operação entre um escalar e uma matriz ou duas matrizes. Para se realizar uma multiplicação ponto-a-ponto entre duas matrizes, é necessário utilizar o operador "`.*`", conforme mostrado na linha 9 do script da Figura 4.66.

O operador "`/`" possui funções distintas a depender dos argumentos à sua esquerda e à sua direita. Se à direita houver um escalar e à esquerda uma matriz, todos os elementos da matriz serão divididos pelo escalar. Porém, se à direita houver uma matriz, ela será invertida e multiplicada à esquerda pela matriz à esquerda do operador. Para realizar uma divisão ponto-a-ponto deve-se utilizar o operador "`./`", como realizado na linha 12 do script MATLAB®.

Finalmente, o operador "`^`" pressupõe a elevação de um escalar ou uma matriz quadrada a um escalar. Para elevar todos os elementos de

Script MATLAB® executado:

```
clear variables
close all
clc

A = [1; 2; 3; 4];
B = [5; 6; 7; 8];

fprintf('A.*B:\n')
disp(A.*B)

fprintf('A./B:\n')
disp(A./B)

fprintf('A.^2:\n')
disp(A.^2)

fprintf('A.^B:\n')
disp(A.^B)
```

Console MATLAB®:

```
A.*B:
     5
    12
    21
    32

A./B:
    0.2000
    0.3333
    0.4286
    0.5000

A.^2:
     1
     4
     9
    16

A.^B:
           1
          64
        2187
       65536

>>
```

Figura 4.66: Exemplos de operações ponto-a-ponto em MATLAB®.

uma matriz a um escalar, ou elevar os elementos de uma matriz ponto-a-ponto aos elementos de outra matriz de mesmas dimensões, utiliza-se o operador ".^", como feito nas linhas 15 e 18 do script da Figura 4.66.

Como as operações ponto-a-ponto no MATLAB® são caracterizadas pela presença do ponto (`"."`) antes do operador, esta notação será utilizada para fazer referência a estas operações em outras linguagens.

O mesmo exemplo da Figura 4.66 é implementado na linguagem Scilab na Figura 4.67. Por sofrer fortes influências da linguagem MATLAB®, os comandos para se realizar as operações ponto-a-ponto são os mesmos do MATLAB®. A diferença ocorrerá nos comandos para a potenciação quando se utiliza a plataforma Mac (Apple). Neste caso, no lugar de "`.^`" se utiliza "`.**`".

O mesmo exemplo é implementado em Python, na Figura 4.68. A linguagem Python, e em particular o pacote `numpy`, possuem uma abordagem diferente para as operações entre matrizes e vetores. As operações, neste caso, são todas pensadas como ponto-a-ponto por padrão, incluindo a multiplicação, a divisão e a potenciação. A multiplicação matricial é representada pelo operador "`@`" e a inversão matricial é feita através da função `inv()` do pacote `linalg`, interno ao `numpy`.

Portanto, a multiplicação ponto-a-ponto é feita pelo operador "`*`", como na linha 7, e a divisão ponto-a-ponto é feita pelo operador "`/`", como na linha 10. A potenciação ponto-a-ponto por um escalar é feita pelo operador "`**`", como na linha 13, e a potenciação ponto-a-ponto entre duas matrizes também é feita pelo operador "`**`", como na linha 16.

4.8 Outros Comentários Sobre o Trabalho com Matrizes

Ambos os ambientes, tanto o MATLAB®, quanto o Scilab, quanto o Python, através do pacote `numpy` oferecem diversas funções para explorar matrizes e vetores, e se incentiva o leitor a buscar por estas funções e compreender a lógica por trás delas.

Ambas as linguagens (ou ambientes) oferecem funções para cálculo de máximos e mínimos, através de funções como `max()` e `min()`. Há também funções para cálculo de propriedades importantes de matrizes como o posto matricial, através da função `rank()`, número de condição espectral com a função `cond()` e autovalores e autovetores com a função `eig()`. Além disso, há diversos tipos de decomposições matriciais como

Script Scilab executado:

```
clear
close(winsid())
clc

A = [1; 2; 3; 4];
B = [5; 6; 7; 8];

mprintf('\nA.*B:')
disp(A.*B)

mprintf('\nA./B:')
disp(A./B)

mprintf('\nA.^2:')
disp(A.^2)

mprintf('\nA.^B:')
disp(A.^B)
```

Console Scilab:

```
A.*B:
   5.
   12.
   21.
   32.

A./B:
   0.2
   0.3333333
   0.4285714
   0.5

A.^2:
   1.
   4.
   9.
   16.

A.^B:
   1.
   64.
   2187.
   65536.
```

Figura 4.67: Exemplos de operações ponto-a-ponto em Scilab.

Script Python executado:

```
import numpy as np

A = np.array([[1, 2, 3,
    4]]).T
B = np.array([[5, 6, 7,
    8]]).T

print('A.*B:')
print(A*B, '\n')

print('A./B:')
print(A/B, '\n')

print('A.^2:')
print(A**2, '\n')

print('A.^B:')
print(A**B)
```

Console Python:

```
A.*B:
[[ 5]
 [12]
 [21]
 [32]]

A./B:
[[0.2       ]
 [0.33333333]
 [0.42857143]
 [0.5       ]]

A.^2:
[[ 1]
 [ 4]
 [ 9]
 [16]]

A.^B:
[[    1]
 [   64]
 [ 2187]
 [65536]]

Process finished with exit
    code 0
```

Figura 4.68: Exemplos de operações ponto-a-ponto em Python.

decomposição QR (`qr()`), LU (`lu()`), decomposição em valores singulares com `svd()`, entre outras.

Uma última funcionalidade importante é o cálculo da transformada discreta de Fourier utilizando a função `fft()`, ou sua inversa, utilizando a função `ifft()`.

Sabendo das possibilidades e dos nomes mais comuns de funções, o leitor conseguirá explorar os conteúdos online e o *help* de cada ambiente, ou a documentação do módulo Python, para encontrar as funções mais adequadas à sua necessidade.

Capítulo 5

Estruturas Básicas de Programação

O objetivo deste capítulo é que o leitor compreenda algumas das estruturas básicas de programação que permeiam as três linguagens abordadas neste material. O objetivo não é ensinar todas as estruturas de programação possíveis das três linguagens, pois além de o material ficar muito grande e cansativo, ele perderia a simplicidade e assertividade necessários ao público alvo desta obra, que são alunos, pesquisadores ou profissionais que são iniciantes em ao menos uma das linguagens.

Dedica-se este capítulo a dois tipos de estruturas básicas de programação: estruturas de decisão do tipo `if/elseif/else` e `switch`, e laços de programação dos tipos `for` e `while`.

Antes de entrar nas estruturas de programação é absolutamente importante que o leitor compreenda as formas de comparação de valores nas três linguagens, o que será feito na seção a seguir.

5.1 Comparações e Combinações Lógicas

As comparações lógicas são expressões lógicas que se escreve em uma linguagem de programação e que podem retornar única e exclusivamente dois valores: "verdadeiro" ou "falso".

A representação destes valores pode variar de linguagem para linguagem. A tabela a seguir mostra a representação destes valores em cada uma das linguagens deste material:

	MATLAB®	Scilab	Python
Verdadeiro	`true`	`%T`	`True`
Falso	`false`	`%F`	`False`

Apesar disso, ambas as linguagens aceitam o zero como uma representação do "falso" e qualquer valor diferente de zero (inclusive negativos) como uma representação do "verdadeiro". Apesar de isso ser uma possibilidade, considera-se este uso confuso e por isso esse uso não é adotado neste material.

As comparações que se faz entre valores são comparações matemáticas. É possível comparar para saber qual de dois valores é maior ou menor, se eles são iguais, diferentes, se um é "maior ou igual" ou "menor ou igual" a outro.

É possível utilizar estas expressões para verificar relações entre valores. Nos exemplos das Figuras 5.1 a 5.3, cria-se duas variáveis `a` e `b`, com valores 5 e 10 e se testa algumas condições simples. Nestes exemplos o leitor pode ver tanto a sintaxe de cada uma das linguagens quanto os resultados de cada comparação.

Esses testes de valores são chamados de "expressões lógicas", e são muito importantes para a tomada de decisões durante o código. Contudo, muitas vezes é necessário avaliar não apenas uma condição, mas sim uma combinação lógica de múltiplas condições. Para isso é necessário conhecer os operadores lógicos.

Os operadores lógicos são formas lógicas de combinar expressões de forma a se alcançar um único resultado (verdadeiro ou falso) após a avaliação de todas as expressões. Exemplo: para definir se o valor a está entre x_1 e x_2 é necessário que as condições $a > x_1$ e $a < x_2$ sejam verdadeiras simultaneamente.

Há três operadores que se pode aplicar a uma expressão lógica, o AND, o OR e o NOT. Iniciando pelo mais simples, o operador NOT inverte o resultado da expressão lógica. Portanto, se a expressão é verdadeira, aplicar o NOT a ela resulta em valor falso, e vice-versa. O operador NOT é o único que se aplica a uma única expressão.

O operador AND é aplicado a duas expressões simultaneamente, e só retorna verdadeiro se o resultado de ambas for verdadeiro. Caso contrário ele retorna falso. Pensando no exemplo de $x_1 < a < x_2$ citado anteriormente, na programação esta condição seria testada na forma: $(a > x_1)\,\text{AND}\,(a < x_2)$. Esta expressão retornaria positivo somente se as duas condições fossem simultaneamente verdadeiras. O único caso em

Script MATLAB® executado:

```
clear variables
close all
clc

a = 5;
b = 10;

% a maior do que b
disp('a > b?: ')
disp(a > b)

% a menor do que b
disp('a < b:?')
disp(a < b)

% a igual a b
disp('a == b:?')
disp(a == b)

% a diferente de b
disp('a ~= b:?')
disp(a ~= b)

% a maior ou igual a b
disp('a >= b:?')
disp(a >= b)

% a menor ou igual a b
disp('a <= b:?')
disp(a <= b)
```

Console MATLAB®:

```
a > b?:
   0

a < b:?
   1

a == b:?
   0

a ~= b:?
   1

a >= b:?
   0

a <= b:?
   1

>>
```

Figura 5.1: Realizando comparações entre valores no MATLAB®.

Script Scilab executado:

```
clear
close(winsid())
clc

a = 5;
b = 10;

// a maior do que b
disp('a > b?: ')
disp(a > b)

// a menor do que b
disp('a < b:?')
disp(a < b)

// a igual a b
disp('a == b:?')
disp(a == b)

// a diferente de b
disp('a ~= b:?')
disp(a ~= b)

// a maior ou igual a b
disp('a >= b:?')
disp(a >= b)

// a menor ou igual a b
disp('a <= b:?')
disp(a <= b)
```

Console Scilab:

```
"a > b?: "

F

"a < b:?"

T

"a == b:?"

F

"a ~= b:?"

T

"a >= b:?"

F

"a <= b:?"

T
```

Figura 5.2: Realizando comparações entre valores no Scilab.

Script Python executado:

```
a = 5
b = 10

# a maior do que b
print('a > b:?')
print(a > b)
print()

# a menor do que b
print('a < b:?')
print(a < b)
print()

# a igual a b
print('a == b:?')
print(a == b)
print()

# a diferente de b
print('a != b:?')
print(a != b)
print()

# a maior ou igual a b
print('a >= b:?')
print(a >= b)
print()

# a menor ou igual a b
print('a <= b:?')
print(a <= b)
```

Console Python:

```
a > b:?
False

a < b:?
True

a == b:?
False

a != b:?
True

a >= b:?
False

a <= b:?
True

Process finished with exit
    code 0
```

Figura 5.3: Realizando comparações entre valores no Python.

que isso é possível é o caso em que a está entre x_1 e x_2.

Já o operador OR também é aplicado a duas expressões e retornará verdadeiro se ao menos uma das expressões for verdadeira. Ele só retornará falso se ambas forem falsas. Exemplo: para definir se o valor de a está fora do intervalo $[x_1, x_2]$, basta que $a < x_1$ *ou* $a > x_2$. Assim, programaticamente esta condição seria testada como $(a < x_1)\text{OR}(a > x_2)$.

Com esses três operadores lógicos é possível montar qualquer expressão lógica que se desejar. Existem outros operadores lógicos como o XOR, o XNOR, o NAND e o NOR, mas todos eles podem ser realizados com combinações de AND, OR e NOT. Por isso, em todas as linguagens de programação deste material, utiliza-se apenas estes três operadores.

Na tabela abaixo encontra-se a representação destes operadores em ambas as linguagens

	MATLAB®	Scilab	Python
AND	`&&`	`&&`	`and`
OR	`||`	`||`	`or`
NOT	`~`	`~`	`not`

5.2 If, Else e Elseif

Dentro da programação, uma das estruturas mais básicas de controle de fluxo é a condicional `if`. Se trata de uma estrutura que condiciona a execução de certas partes do código a algumas condições específicas. Esta estrutura é muito poderosa e é muito utilizada na maioria das aplicações modernas. Ela é normalmente acompanhada na expressão `else` e em algumas linguagens da `elseif`. Estas estruturas de programação serão abordadas nesta seção, iniciando pelo `if`.

5.2.1 Utilizando o `if`

.

Para a compreensão das formas de se utilizar o `if`, realiza-se o seguinte exemplo: cria-se uma variável `a` com o valor 7. Caso ela seja maior ou igual a 5, o código imprimirá a mensagem "Nota azul" e caso seja menor que 5 imprimirá a mensagem "Nota vermelha". Este exemplo é implementado em ambas as linguagens e apresentado nas Figuras 5.4 a 5.6.

É importante observar a sintaxe do comando `if` em ambas as linguagens, pois ele define algo que se chama de "escopo". O escopo de um operador `if` é o conjunto de linhas que será executado caso a sua condição seja obedecida.

Script MATLAB® executado:

```
clear variables
close all
clc

a = 7;

if a>=5
    disp('Nota azul')
end

if a<5
    disp('Nota vermelha')
end
```

Console MATLAB®:

```
Nota azul
>>
```

Figura 5.4: Utilizando a expressão `if` no MATLAB®.

No MATLAB® e no Scilab, inicia-se a linha com o `if` e, após ao menos um espaço em branco simples, o programador pode inserir a sua expressão lógica. Esta expressão pode ser composta por uma condição simples ou múltiplas condições conectadas por operadores AND, OR e NOT, de forma que o resultado da expressão final seja apenas "verdadeiro" ou "falso". Neste ponto se inicia o escopo do `if`.

Todas as linhas que estiverem antes da palavra `end` estarão dentro do escopo do `if` e serão executadas apenas se a expressão lógica do `if` for verdadeira. Estas linhas costumam estar indentadas, ou seja, devem iniciar após 4 espaços simples do alinhamento do início do `if`. Normalmente o ambiente de programação auxilia com a indentação, mas é importante ressaltar que a falta de indentação não gera erros no MATLAB® ou no Scilab. Apesar disso, a indentação incorreta gera erros no Python.

A sintaxe dos blocos `if` no Python é mostrada na Figura 5.6.

No Python, o bloco `if` é iniciado com a palavra reservada `if` e após ao menos um espaço simples insere-se a expressão lógica que habilitará a execução das instruções no escopo deste bloco. A primeira diferença

Script Scilab executado:

```
clear
close(winsid())
clc

a = 7;

if a>=5
    disp('Nota azul')
end

if a<5
    disp('Nota vermelha')
end
```

Console Scilab:

```
"Nota azul"
```

Figura 5.5: Utilizando a expressão `if` no Scilab.

Script Python executado:

```python
a = 7

if a >= 5:
    print('Nota Azul')

if a < 5:
    print('Nota vermelha')
```

Console Python:

```
Nota Azul

Process finished with exit
    code 0
```

Figura 5.6: Utilizando a expressão `if` no Python.

com relação ao MATLAB® e ao Scilab é que, após a expressão lógica se deve inserir o caractere dois-pontos (“`:`”). Isto indica que o escopo do `if` iniciará abaixo desta linha.

A segunda diferença no bloco `if` com relação ao MATLAB® e o Scilab é que, no Python, o bloco não é terminado com nenhuma expressão, como `end`, por exemplo. Isto se deve ao fato de que o Python foi criado para que as expressões sejam sempre curtas, objetivas e de fácil leitura. As instruções que estão dentro do escopo do `if` são todas as instruções que vem abaixo da linha do `if` e que estã indentadas, ou seja, que iniciam 4 espaços simples à direita do início da palavra `if`, como mostrado nas linhas 3 e 4 ou 6 e 7 da Figura 5.6.

O término do escopo do `if` é dado por uma expressão válida abaixo das expressões do escopo que se inicie no mínimo antes da indentação das instruções do bloco, ou seja, que se inicie ou alinhada com a palavra `if` ou mais à esquerda, quando possível e necessário.

É importante mencionar que a indentação no Python é dada por conjuntos de espaços múltiplos de 4. No exemplo da Figura 5.7 há alguns exemplos interessantes do efeito das indentações em Python.

Na Figura 5.7, atribui-se à variável `a` o valor 10 e se inicia o primeiro bloco `if` na linha 4. Analisando a indentação, as instruções da linha 5 à linha 8 estão dentro do escopo do `if` iniciado na linha 4, sendo que na linha 6 se inicia um `if` interno a ele cujo escopo se dá apenas pela linha 7.

Uma vez que $a > 5$, executa-se o escopo do `if` da linha 4, por isso o programa imprimirá “Teste 1” no console. A expressão lógica da linha 6 retorna um valor falso, e por isso a expressão da linha 7 não é executada. Porém, a expressão da linha 8 está dentro do escopo do primeiro `if` (da linha 4), e por isso o programa imprimirá “Teste 3” no console.

Na linha 10 se inicia um `if` sem nenhuma indentação, por isso ele está fora do escopo do `if` da linha 4. Sua expressão lógica retorna um valor falso, portanto as instruções deste escopo não serão executadas. Apesar de todas as linhas em branco, as instruções das linhas 11 e 15 estão dentro do escopo do `if` da linha 10. Pular esta quantidade de linhas dentro de um bloco `if` não é recomendado pelos padrões de programação do Python, mas foi utilizado este artifício neste ponto para que o leitor pudesse entender que uma grande quantidade de linhas puladas não encerra um escopo de um `if`, mas sim a indentação.

Como a expressão lógica da linha 10 gera um valor falso, as expressões

Script Python executado:

```python
a = 10

# if dentro de if
if a > 5:
    print('Teste 1')
    if a > 15:
        print('Teste 2')
    print('Teste 3')

if a > 15:
    print('Teste 4')



    print('Teste 5')
print('Teste 6')
```

Console Python:

```
Teste 1
Teste 3
Teste 6

Process finished with exit
    code 0
```

Figura 5.7: Explorando indentação com bloco `if` em Python.

da linha 11 e da linha 15 não serão executadas. Porém, a expressão da linha 16 não segue a mesma indentação e está mais à esquerda, ou seja, está fora do escopo deste `if`. Assim, o programa também imprimirá no console "Teste 6".

5.2.2 Combinando `if` e `else`

Quando se testa uma expressão lógica, muitas vezes pode-se desejar realizar uma ação caso a expressão lógica retorne um valor verdadeiro e outra caso ela retorne um valor falso. Apesar de ser possível fazer isso utilizando apenas blocos `if`, isto tornaria o processo de programação desnecessariamente prolixo e entediante.

Para evitar isso, criou-se o `else`. Esta expressão cria um segundo escopo abaixo do bloco `if` que será executado caso o primeiro escopo não seja executado, ou seja, caso a expressão lógica do `if` retorne um valor falso. Seria algo como dizer ao programa: "se (`if`) a expressão lógica for verdadeira, faça 'isso'. Caso contrário (`else`), faça 'aquilo'."

Como o `else` trata justamente do caso contrário, a ele não é atribuída nenhuma expressão lógica. Na Figura 5.8 é mostrada a sintaxe do uso do bloco `if` acompanhado do `else` em ambas as linguagens.

Novamente, no MATLAB® e no Scilab a sintaxe é idêntica. O if é acompanhado de uma expressão lógica, e seu escopo se inicia na linha seguinte. Porém, neste caso, o escopo do `if` não termina na palavra `end`, mas sim na palavra `else`. As instruções que ficam entre as palavras `else` e `end` são o escopo do `else` e serão executadas apenas se o resultado da expressão lógica do `if` for falso.

Já no Python a sintaxe é diferente e ligeiramente mais curta. Como explicado anteriormente, no Python, a indentação é essencial. Por isso, o uso da palavra `end` não se faz necessário. A primeira linha do bloco `if` se inicia com a palavra `if`, é acompanhada da expressão lógica e terminada com dois-pontos("`:`"). Todas as linhas abaixo desta que estiverem indentadas à direita com 4 espaços fazem parte do escopo do `if` até que se encontre uma linha válida no mesmo nível de indentação do próprio `if`.

Neste caso, esta linha válida é o `else`, que vem também acompanhado de dois-pontos. A definição do escopo do `else` é realizada da mesma forma, por indentação.

MATLAB®

```
clear variables
close all
clc

a = 10;

if a > 20
    disp('a > 20')
else
    disp('a <= 20')
end
```

Scilab

```
clear
close(winsid())
clc

a = 10;

if a > 20
    disp('a > 20')
else
    disp('a <= 20')
end
```

Console MATLAB®:

```
a <= 20
>>
```

Console Scilab:

```
  "a <= 20"
```

Python

```
a = 10

if a > 20:
    print('a > 20')
else:
    print('a <= 20')
```

Console Python:

```
a <= 20

Process finished with exit
   code 0
```

Figura 5.8: Combinando `if` e `else`.

5.2.3 Combinando `if`, `else` e `elseif` (ou `elif`)

Eventualmente pode ser necessário realizar testes mutuamente exclusivos em sequência. Isso pode ser feito utilizando uma combinação de `if`s e `else`s, mas poderia gerar uma indentação esteticamente desagradável, com muitos recuos à direita. Por isso utiliza-se o `elseif` (em MATLAB® ou Scilab) ou o `elif` em Python.

Este comando é uma combinação do `else` com o `if`, portanto ele representa o caso em que a expressão lógica do bloco `if` correspondente retornou falso, mas dentro das opções que sobraram após este primeiro teste, ainda há mais testes lógicos que se precisa fazer para diferenciar outras condições. Por isso a lógica deve envolver a exclusividade mútua.

Na Figura 5.9 são mostrados dois códigos funcionalmente idênticos. O da esquerda faz uso apenas das estruturas `if` e `else` enquanto que o da direita faz uso também do `elseif`.

Além da economia de linhas de código e da melhoria da legibilidade do código trazidas pelo uso do `elseif`, o leitor deve notar que o uso de vários blocos `if` e `else` aninhados fazem com que a indentação provoque um deslocamento do código à direita. Isso dificulta a leitura do código e identificação dos escopos, além de ser esteticamente desagradável.

Nas Figuras 5.10 e 5.11, o mesmo exemplo do lado direito da Figura 5.9 é implementado e executado em ambas as linguagens.

As diferenças básicas do código em Python para o apresentado nas demais linguagens são o uso do caractere dois-pontos(“`:`”) para delimitar o início de um novo escopo e o uso da palavra `elif` no lugar de `elseif`. No restante os códigos são praticamente idênticos.

Uma questão interessante a ser abordada é o uso do `else` ao final da sequência de `elseif` (ou `elif`). O uso deste `else` não é uma questão obrigatória das linguagens, mas sim lógica. Se a lógica fizer sentido, este bloco pode terminar com um `elseif`, sem problemas. Mas da forma como está colocado, este último `else` acaba tratando de todos os casos não capturados pelos escopos anteriores, e por isso traz segurança ao código.

5.3 Laço `while`

Um tipo de estrutura de programação muito interessante são os laços de programação, também chamados de *loops*. Estes laços permitem que se execute um conjunto de operações diversas vezes até que se atinja uma

```matlab
clear variables
close all
clc

% Indentacao desagradavel

a = 10;

if a > 40
    disp('a > 40')
else
    if a > 30
        disp('a > 30')
    else
        if a > 20
            disp('a > 20')
        else
            if a > 10
                disp('a > 10')
            else
                if a > 0
                    disp('a > 0')
                else
                    disp('a <= 0')
                end
            end
        end
    end
end
```

```matlab
clear variables
close all
clc

% Indentacao agradavel

a = 10;

if a > 40
    disp('a > 40')
elseif a > 30
    disp('a > 30')
elseif a > 20
    disp('a > 20')
elseif a > 10
    disp('a > 10')
elseif a > 0
    disp('a > 0')
else
    disp('a <= 0')
end
```

Figura 5.9: Exemplo de indentação desagradável e agradável em MATLAB®.

MATLAB®

```
clear variables
close all
clc

% Indentacao agradavel

a = 10;

if a > 40
    disp('a > 40')
elseif a > 30
    disp('a > 30')
elseif a > 20
    disp('a > 20')
elseif a > 10
    disp('a > 10')
elseif a > 0
    disp('a > 0')
else
    disp('a <= 0')
end
```

Console MATLAB®:

```
a > 0
>>
```

Scilab

```
clear
close(winsid())
clc

// Indentacao agradavel

a = 10;

if a > 40
    disp('a > 40')
elseif a > 30
    disp('a > 30')
elseif a > 20
    disp('a > 20')
elseif a > 10
    disp('a > 10')
elseif a > 0
    disp('a > 0')
else
    disp('a <= 0')
end
```

Console Scilab:

```
"a > 0"
```

Figura 5.10: Usando `if`, `elseif` e `else` em MATLAB® e Scilab.

Script Python executado:

```python
# Indentacao agradavel

a = 10

if a > 40:
    print('a > 40')
elif a > 30:
    print('a > 30')
elif a > 20:
    print('a > 20')
elif a > 10:
    print('a > 10')
elif a > 0:
    print('a > 0')
else:
    print('a <= 0')
```

Console Python:

```
a > 0

Process finished with exit
    code 0
```

Figura 5.11: Usando `if`, `elif` e `else` em Python.

condição desejada.

O primeiro laço que será apresentado neste material é o laço `while`. A palavra *while* vem do Inglês e significa "enquanto". Portanto se associa a ela uma expressão lógica e, enquanto esta expressão for verdadeira, uma nova rodada do laço será executada.

Para verificar o comportamento do `while` realiza-se a aproximação sucessiva da constante de Euler ($e \approx 2,718281828$) através da fórmula:

$$e = \lim_{n \to \infty} \left(1 + \frac{1}{n}\right)^n$$

Deseja-se encontrar um valor de n de forma que o erro entre a aproximação via cálculo e a melhor aproximação do ambiente (sempre calculada pela função `exp`) seja menor do que 10^{-6}.

É possível implementar este procedimento utilizando um laço `while` e testando sucessivamente os valores de `n` até que se atinja o erro desejado. Este procedimento é implementado na Figura 5.12 em MATLAB®.

No caso da Figura 5.12, inicializa-se a variável `n` com o valor 1, pois `n` será o contador de iterações, e a variável `e` será a estimativa da constante de Euler, portanto é iniciada com o valor zero.

Na linha 8 inicia-se o laço `while`, que é iniciado por esta palavra seguida de uma expressão lógica. Neste caso, desejamos que o erro (`exp(1)-e`) seja maior do que o valor de 10^{-6}. Esta condição traduz a expressão lógica na frente da palavra `while`. Assim, enquanto este erro (recalculado a cada passo) for maior do que o valor de 10^{-6}, o ambiente determinará que mais uma vez o escopo do `while` seja executado. Quando o erro for menor do que este valor, o laço é interrompido.

O escopo do `while`, neste caso, possui duas linhas. Na primeira se calcula o valor de `e` para a nova iteração. Na segunda o valor de `n` é atualizado para a próxima execução do laço. É importante compreender que caso a atualização do valor de `n` não seja realizada, o laço continuará calculando sempre o mesmo valor de `e`, que em todas as execuções será igual (pois `n` não foi atualizado), e o erro sempre será maior do que 10^{-6}, ou seja, o laço seria executado infinitamente.

Deve-se tomar muito cuidado com laços do tipo `while`, pois um eventual esquecimento de atualização de variável ou algum erro no código pode levar à execução infinita do laço.

Nas linha 13, 14 e 15 da Figura 5.12 realiza-se concatenações de "strings" utilizando os colchetes quadrados ("`[`" e "`]`") e se faz uso da

Script MATLAB® executado:

```
clear variables
close all
clc

n = 1;
e = 0;

while (exp(1)-e)>1e-6
    e = (1 + 1/n)^n;
    n = n+1;
end

disp(['Iteracoes: ' num2str(n-1)])
disp(['e = ' num2str(exp(1),'%1.12f')])
disp(['e ~ ',num2str(e,'%1.12f')])
```

Console MATLAB®:

```
Iteracoes: 1358611
e = 2.718281828459
e ~ 2.718280828460
>>
```

Figura 5.12: Estimando e utilizando o laço `while` em MATLAB®.

função `num2str` do MATLAB®, que merece comentários a parte.

A função `num2str` converte um valor numérico em uma "string" para que se possa imprimir este valor no console, ou em outro lugar que demande strings. Quando se utiliza a função `disp` utilizando um valor numérico como argumento, a conversão é feita automaticamente, mas quando se deseja concatenar strings como foi feito, então é necessário realizar a transformação utilizando a função `num2str`.

Vale notar que a função `num2str` pode ser utilizada com um ou dois argumentos. Quando utilizada com um argumento apenas, este argumento deve ser o valor numérico a ser convertido, e a conversão será feita conforme o padrão da função. Já quando utilizada com dois argumentos, o segundo é uma string formatadora no padrão utilizado na função `printf`, de pacotes como o `STDIO` da linguagem C.

No caso desta string formatadora em particular, ela sempre se inicia com o caractere "%". O número antes do ponto é o número mínimo de algarismos da string final (no caso, 1). O número após o ponto é o número de casas decimeis que se deseja imprimir (no caso, 12) e o caractere "f" informa que a string formatadora se refere a um número do tipo ponto-flutuante. Há diversos tipos de formatações possíveis, e para isso indica-se a leitura da documentação da biblioteca `STDIO` da linguagem C ou alguma similar.

Na Figura 5.13, o mesmo algoritmo em questão é implementado utilizando o Scilab.

A diferença da implementação em Scilab para a implementação em MATLAB® está nas funções que convertem números em strings. No caso do Scilab, se for uma conversão direta na qual não é necessário um padrão, utiliza-se a função `string`, que possui o mesmo comportamento da função `num2str` (do MATLAB®) com apenas um argumento.

Quando é necessário utilizar um padrão para a conversão de números em strings, pode-se utilizar a função `msprintf`, que recebe como primeiro argumento a string formatadora no mesmo padrão discutido anteriormente, e como segundo argumento o valor a ser convertido.

A implementação em Python pode ser observada na Figura 5.14. Em termos de algoritmo, ela é igual às anteriores, sendo que as diferenças são as inerentes à linguagem Python.

O bloco do `while` se inicia com a palavra reservada `while`, a expressão lógica e finalmente o caractere dois-pontos. O escopo do `while` serão todas as linhas abaixo desta que estiverem deslocadas à direita na indentação

Script Scilab executado:

```
clear
close(winsid())
clc

n = 1;
e = 0;

while (exp(1)-e)>1e-6
    e = (1 + 1/n)^n;
    n = n+1;
end

disp(['Iteracoes: ' string(n-1)])
disp(['e = ' msprintf('%1.12f',exp(1))])
disp(['e ~ ' msprintf('%1.12f', e)])
```

Console Scilab:

```
"Iteracoes: "  "1358611"

"e = "  "2.718281828459"

"e ~ "  "2.718280828460"
```

Figura 5.13: Estimando e utilizando o laço `while` em Scilab.

Script Python executado:

```
import numpy as np

e = 0
n = 1

while (np.exp(1)-e) > 1e-6:
    e = (1 + 1/n) ** n
    n += 1

print(f'Iterações: {n-1}')
print(f'e = {np.exp(1)}')
print(f'e ~ {e}')
```

Console Python:

```
Iterações: 1358611
e = 2.718281828459045
e ~ 2.7182808284601396

Process finished with exit code 0
```

Figura 5.14: Estimando e utilizando o laço `while` em Python.

até que se alcance uma linha válida com a mesma indentação do `while`, como nos casos anteriores. A única diferença dentro do escopo do `while` é o operador de potenciação, que em Python é representado por "`**`".

Nos usos da função `print` utiliza-se uma funcionalidade do Python que é a *f-string*. Uma *f-string* em Python é uma string que aceita, dentro de sua formatação, um valor numérico a ser apontado entre chaves. Esta string é iniciada com um "`f`" antes da primeira aspa simples. Dentro da string é possível abrir campos com o operador chave ("`{`" e "'`}`'), e colocar dentro dele variáveis ou expressões numéricas. Neste caso, o Python converterá automaticamente o resultado em string. Uma vez que o padrão do Python é o de utilizar várias casas decimais para representar um número ponto-flutuante, não é necessário utilizar strings formatadoras.

Com respeito ao aspecto numérico dessa aplicação, escolheu-se um algoritmo muito simples, apenas para evidenciar o uso do `while`. Mesmo assim, é importante ressaltar que este não é propriamente um algoritmo iterativo. O que é feito, passo a passo, é um teste de um novo valor que não possui correlação com os valores testados anteriormente. Por isso se poderia utilizar outros algoritmos mais eficientes, como uma busca binária, por exemplo.

Mesmo assim, é interessante notar que, apesar de poderem haver pequenas diferenças numéricas entre as três plataformas, ambas utilizaram o mesmo número de passo (iterações) para chegar à aproximação com o erro proposto, e os valores aproximados são equivalentes, ao menos até 12ª casa decimal.

Uma questão que se pode levantar, no caso do teste realizado no laço `while`, seria o uso da função `abs` sobre a diferença. Chamando o valor real da constante de Euler de e e seu valor aproximado de $\tilde{e}$, matematicamente se testa no `while` se $(e - \tilde{e}) > 10^{-6}$. Isso decorre do fato de que a aproximação utilizada aproxima o valor da constante a partir de valores menores do que e, portanto a diferença testada é positiva.

É muito importante que o valor do erro calculado seja positivo, pois se utiliza o operador lógico $>$ para realizar a comparação. Se o erro fosse, por algum motivo, negativo, então o laço `while` seria quebrado instantaneamente e o erro atingido poderia não ter o valor desejado. Para garantir isso, em vez de se testar a diferença simples, muitas pessoas optam por utilizar o módulo e testar $|e - \tilde{e}| > 10^{-6}$.

Em termos de segurança (matemática) é uma boa escolha, pois mesmo que, por algum motivo, o erro seja negativo, é garantido que ele sempre estará dentro da faixa de erro desejada. Porém, deve-se atentar também que o teste será realizado a cada iteração do laço `while`, por isso a função módulo será calculada a cada iteração. Isso significa que, no exemplo que testamos, a função seria calculada 1.358.611 vezes, desnecessariamente. Por isso, sempre que possível, é recomendado que se utilize as propriedades matemáticas do que se deseja calcular para tornar o algoritmo mais eficiente.

Tanto no MATLAB®, quanto no Scilab, quanto no Python, os laços de programação estão disponíveis pois são estruturas de programação extremamente importantes. Contudo, ambas as linguagens possuem artifícios para que se evite o uso destas estruturas (como a indexação por trechos, por exemplo). Isto se deve ao fato de que laços de programação, nestas linguagens, são extremamente lentos. Os artifícios de indexação são implementados nas linguagens nativas nas quais estas linguagens foram implementadas, e por isso são executados muito mais rapidamente. Por isso recomenda-se o uso dos laços apenas se não houver nenhum outro artifício disponível para executar o mesmo algoritmo.

5.4 Laço `for`

O laço `for` é um laço muito utilizado na programação. Com relação ao laço `while`, basicamente, tudo o que se faz com um laço é possível fazer com o outro. Contudo, enquanto o laço `while` condiciona sua parada a testes lógicos, o laço `for` permite um controle mais fácil do número de iterações quando se deseja realizar um número de passos conhecido.

Para se utilizar um laço `for` em MATLAB® e Scilab é necessário relembrar a notação para geração automática de vetores inteiros. Basicamente, a notação em ambos os ambientes pode ser das duas formas:

Forma 1: `<valor inicial>:<passo>:<valor final>`

ou

Forma 2: `<valor inicial>:<valor final>`

Na forma 1, indica-se o valor inicial, o passo e o valor final. O valor inicial e o passo são respeitados integralmente, ou seja, o primeiro valor do vetor é o valor inicial e o espaçamento numérico entre os valores seguintes é o valor do passo. O valor final será o mais próximo do valor inicial mais um número inteiro de passos, sem que o valor final seja ultrapassado, portanto ele pode não necessariamente ser o valor informado.

Já na forma 2 a lógica é exatamente a mesma. Como são apenas dois argumentos, entende-se que o valor do passo foi suprimido, e nessas ocasiões utiliza-se o valor 1 como passo.

Com esta lógica compreendida, agora é possível entender a forma de funcionamento do laço `for`. Este funcionamento é exemplificado na Figura 5.15

Script MATLAB® executado:

```
1  clear variables
2  close all
3  clc
4
5  for c1 = 1:4
6      disp(['c1 = ' num2str(c1)])
7  end
8
9  for c2 = 'zweistein'
10     disp(['c2 = ' c2])
11 end
```

Console MATLAB®:

```
c1 = 1
c1 = 2
c1 = 3
c1 = 4
c2 = z
c2 = w
c2 = e
c2 = i
c2 = s
c2 = t
c2 = e
c2 = i
c2 = n
>>
```

Figura 5.15: Executando laços `for` no MATLAB®

Na linha 5 da Figura 5.15, inicia-se um laço `for`. Este laço é iniciado com a palavra reservada `for` e logo em seguida realiza-se uma atribuição de variável que, neste exemplo, é da forma `c1 = 1:4`. Esta atribuição não quer dizer que o valor de `c1` seja o vetor `[1 2 3 4]`, mas sim que a cada iteração deste laço `for`, a variável `c1` assumirá um dos valores deste vetor na ordem em que ele foi criado. Isto se verifica nas quatro primeiras linhas do console.

O interessante desta abordagem utilizada no MATLAB® e no Scilab é que pode-se passar qualquer vetor no início do `for` que, a variável à qual ele foi atribuído receberá o valor de cada posição do vetor em cada passo de execução do laço. Isto fica mais claro na linha 9 da Figura 5.15, em que a variável `c2` recebe uma string e, em cada iteração do laço ela possui o valor de uma das letras desta string (uma vez que uma string é um vetor de caracteres).

Nota-se uma dinâmica ligeiramente diferente no Scilab, conforme mostrado na Figura 5.16. Neste caso, o `for` iniciado na linha 4 possui a mesma sintaxe e funciona igual ao implementado em MATLAB®, mostrado na Figura 5.15. Porém, o `for` iniciado na linha 9, apesar de possuir a mesma sintaxe, funciona de forma diferente.

Ao tentar se atribuir a string `'zweistein'` à variável `c2`, o Scilab interpreta esta string como um objeto único, e não como um vetor de caracteres. Por isso este laço é executado uma só vez e o valor da variável `c2` é a string `"zweistein"` como um todo. Isso pode ser evitado ao se transformar esta string em um vetor de caracteres, como é feito no `for` da linha 13. Neste caso, em cada iteração do laço, aí sim, o valor da variável `c3` assumirá cada uma das letras do vetor de caracteres. As reticências ("`...`") ao final da linha 13 servem apenas para quebrar a linha mantendo a estética do código, e não geram nenhuma ação.

Esta sintaxe adotada no MATLAB® e no Scilab é compreensível, mas a expressão de atribuição de valor a variável no início do laço pode ser vista como algo confuso. Por isso, a sintaxe utilizada na linguagem Python é diferente, e possui alguns detalhes específicos que devem ser mencionados.

Para compreender a sintaxe do laço `for` em Python é necessário relembrar a sintaxe da função `range`. Esta função pode ser chamada de três formas:

Forma 1: range(<valor inicial>, <valor final>, <passo>)

ou

Forma 2: range(<valor inicial>, <valor final>)

ou

Forma 3: range(<valor final>)

A função `range` não gera um vetor. Tecnicamente ela gera uma sequência de valores que pode ser utilizada de diversas formas, chamada de "*range object*". A chamada na forma 1 recebe três valores, um valor inicial, um valor final e um passo. O valor inicial e o passo são respeitados integralmente, ou seja, o primeiro elemento da sequência resultante será o valor inicial informado e o espaçamento numérico entre os valores da sequência será exatamente o passo. O valor final informado é não incluso,

Script Scilab executado:

```
clear
close(winsid())
clc

for c1 = 1:4
    disp(['c1 = ' string(c1)])
end

for c2 = 'zweistein'
    disp(['c2 = ' c2])
end

for c3 = ['z' 'w' 'e' 'i' 's'...
          't' 'e' 'i' 'n']
    disp(['c3 = ' c3])
end
```

Console Scilab:

```
"c1 = "  "1"

"c1 = "  "2"

"c1 = "  "3"

"c1 = "  "4"

"c2 = "  "zweistein"

"c3 = "  "z"

"c3 = "  "w"

"c3 = "  "e"

"c3 = "  "i"

"c3 = "  "s"

"c3 = "  "t"

"c3 = "  "e"

"c3 = "  "i"

"c3 = "  "n"
```

Figura 5.16: Executando laços `for` no Scilab

o que significa que, mesmo que o valor inicial mais um número inteiro de passos resulte no valor final informado, o último valor da sequência não será o valor final informado, mas sim o anterior a ele na sequência.

A forma 2 obedece a mesma lógica. A diferença é a de que o passo não é informado, por isso se assume passo 1. Finalmente, na forma 3 o valor inicial também não é informado, o que significa que o valor inicial assumido é 0 e o valor de passo assumido é 1. O valor final continua a ser não incluso.

Por isso, para se obter os mesmos resultados mostrados na Figura 5.15, o código Python necessário é mostrado na Figura 5.17.

Script Python executado:

```
1 for c1 in range(1, 5):
2     print(f'c1 = {c1}')
3 
4 for c2 in 'zweistein':
5     print(f'c2 = {c2}')
```

Console Python:

```
c1 = 1
c1 = 2
c1 = 3
c1 = 4
c2 = z
c2 = w
c2 = e
c2 = i
c2 = s
c2 = t
c2 = e
c2 = i
c2 = n

Process finished with exit
    code 0
```

Figura 5.17: Executando laços `for` no Python

A sintaxe do Python evita a forma de atribuição de valor a variável e preza por comandos que sejam muito próximos da leitura de uma frase em Inglês. Assim, o laço `for` iniciado na linha 1 começa com a palavra reservada `for` e é seguido pelo nome da variável que executará a contagem das iterações do laço (neste caso `c1`), seguida da palavra reservada `in`, seguida do objeto (iterável) que será o gerador dos valores da variável de contagem, finalmente seguido pelo caractere dois-pontos. Neste caso o comando é lido como `for c1 in range(1, 5):`, que em inglês soa como "para c1 na faixa de 1 a 5:". Como no laço `while` o escopo do `for` é definido pelas mesmas regras de indentação.

O interessante é que a função `range` gera um tipo de objeto que pode ser iterado, mas não é a única forma de fazê-lo. Um vetor ou uma string também são objetos iteráveis em Python, por isso é possível realizar laços `for` como o iniciado na linha 4 da Figura 5.17. este laço `for` será executado por tantas vezes quantas letras pertencerem à string e, em cada iteração, a variável contadora (no caso, `c2`) receberá o valor de uma das letras em sequência. Isto pode ser verificado no console da mesma figura.

Uma questão interessante é a de que o MATLAB® e o Scilab permitem apenas a iteração nos valores do vetor passado, e não em seus índices, enquanto o Python permite ambos. Para mostrar este exemplo, imagina-se que se possua uma string e, para cada letra se deseja imprimir no console o número de índice referente àquela letra e a letra propriamente dita. Utilizamos a string `'zweistein'`, por isso deseja-se imprimir: "Letra 1: z", "Letra 2: w", e assim sucessivamente.

A implementação em MATLAB® é apresentada na Figura 5.18. Cria-se a string `'zweistein'`, salva na variável `a`, e o `for` é criado com base no vetor `1:length(a)`. A função `length` recebe como parâmetro um vetor e retorna a maior dimensão deste vetor. Por ser um vetor linha, trata-se de seu comprimento. Assim, o vetor `1:length(a)` possui os elementos de 1 até o comprimento da string em `a`, no caso, 9.

Assim, para os valores de 1 a 9, são impressos o valor do índice (no caso um valor de 1 a 9) e a letra correspondente na string. As reticências na linha 8 representam apenas uma quebra de linha e não possuem efeito programático.

Já a implementação no Scilab necessita de alguns ajustes com relação ao MATLAB® pois a interpretação da string é diferente neste ambiente. Por isso, para realizar o mesmo algoritmo, é necessário partir esta string em um vetor de caracteres, o que é feito através da função `mstr2sci`, mostrada na linha 5 da Figura 5.19.

O Scilab possui a função `length`, mas seu funcionamento é diferente da função `length` do MATLAB®. Por isso, para criar um vetor de índices que vai de 1 até o tamanho do vetor de caracteres utilizou-se `1:size(a, 2)`. Esta chamada da função `size` retorna o número de colunas do vetor

Script MATLAB® executado:

```
1 clear variables
2 close all
3 clc
4
5 a = 'zweistein';
6
7 for c1 = 1:length(a)
8     disp(['Letra ' num2str(c1)...
9           ': ' a(c1)])
10 end
```

Console MATLAB®:

```
Letra 1: z
Letra 2: w
Letra 3: e
Letra 4: i
Letra 5: s
Letra 6: t
Letra 7: e
Letra 8: i
Letra 9: n
>>
```

Figura 5.18: Percorrendo vetores com `for` no MATLAB®

`a`, que é exatamente seu comprimento.

Nas linhas 8 e 9, quebradas através das reticências, cria-se um vetor de strings e se concatena as strings deste vetor utilizando a função `strcat`, para depois exibir a string única com a função `disp`.

Portanto, tanto no MATLAB® quanto no Scilab, foi necessário criar um vetor com os índices correspondentes às posições na string para implementar o algoritmo desejado. Já no Python este artifício não é necessário. A implementação em Python é mostrada na Figura 5.20.

No caso do Python é possível percorrer um vetor (ou string) acessando o valor de suas posições e obtendo o seu índice simultaneamente utilizando a função `enumerate`. Tecnicamente, esta função cria um objeto iterável que, para cada posição de um vetor, string, ou outro objeto desta natureza, retorna tuplas com o valor do índice e do vetor ou string naquele índice simultaneamente. Para capturar essas informações, basta utilizar duas variáveis separadas por uma vírgula.

Assim, o `for` executado na linha 3 da Figura 5.20 utiliza a variável `ind` para capturar o índice da posição em questão e a variável `elt` para capturar o valor do elemento guardado naquele índice. Na string impressa em cada passo, deve-se somar 1 ao valor do índice, pois a enumeração no Python se inicia em 0. Assim, no primeiro passo, a variável `ind` possui o valor `0` e a variável `elt` possui o valor `'z'`. Por isso a primeira linha

Script Scilab executado:

```
clear
close(winsid())
clc

a = mstr2sci('zweistein')

for c1 = 1:size(a, 2)
    disp(strcat(...
        ["Letra " string(c1)...
         ": " a(c1)]))
end
```

Console Scilab:

```
"Letra 1: z"

"Letra 2: w"

"Letra 3: e"

"Letra 4: i"

"Letra 5: s"

"Letra 6: t"

"Letra 7: e"

"Letra 8: i"

"Letra 9: n"
```

Figura 5.19: Percorrendo vetores com `for` no Scilab

Script Python executado:

```
a = 'zweistein'

for ind, elt in enumerate(a):
    print(f'Letra {ind+1}: {elt}')
```

Console Python:

```
Letra 1: z
Letra 2: w
Letra 3: e
Letra 4: i
Letra 5: s
Letra 6: t
Letra 7: e
Letra 8: i
Letra 9: n

Process finished with exit code 0
```

Figura 5.20: Percorrendo vetores com `for` no Python

impressa é: "`Letra 1: z`". E assim sucessivamente.

Portanto, o Python permite algumas facilidades, como rodar um `for` com duas variáveis simultaneamente, que o MATLAB® e o Scilab não permitem. Contudo, ainda é necessário lembrar que se deve evitar ao máximo o uso de laços em qualquer uma dessas linguagens.

5.5 Pulando Passos com o `continue`

Em alguns algoritmos é necessário pular passos de laços como o `for` ou o `while`. É possível, em um laço, simplesmente pular para o próximo passo, utilizando o comando `continue`. Para ilustrar o uso deste comando, criaremos uma string poluída com caracteres indesejados. Deseja-se imprimir as letras da palavra contida na string excluindo os caracteres indesejados e não contabilizando seus índices. Realiza-se a implementação utilizando ambos os laços.

A string inicial que se deseja processar é `'XzweiXsteXin'` e o caractere indesejado é o `'X'`. A primeira implementação do algoritmo é feita em MATLAB® e é mostrada nas Figuras 5.21 e 5.22.

Para se utilizar o laço `while`, é necessário fazer o uso de dois contadores. Um deles é o `ind_v`, que deve ser incrementado a cada passo do `while` para a leitura da string por completo. Já o contador `ind_p` será utilizado para a impressão e será incrementado apenas se o caractere em questão não for o indesejado.

No início do escopo do `while`, na linha 13 da Figura 5.21, lê-se o valor da posição atual na string e se guarda o valor desta posição na variável `letra`. O próximo passo é verificar se esta letra é o caractere indesejado, o que é feito utilizando um `if`. Se o caractere for o indesejado, é necessário apenas incrementar o contador de varredura `ind_v` (linha 15) e seguir para o próximo passo (`continue`, na linha 16). Note que da linha 18 até a linha 23 há instruções fora do escopo do `if` e dentro do escopo do `while`. Porém, como foi executado o comando `continue`, estas instruções são puladas e se inicia um novo passo do `while` automaticamente.

Caso o caractere não seja o indesejado, as instruções do `if` não serão executadas, incluindo o `continue` assim, as instruções das linhas 18 a 23 serão executadas. Nelas, cria-se a string desejada, imprime-se esta string na tela e se incrementa os contadores `ind_v` e `ind_p`.

Antes de se iniciar o laço do `for`, é necessário reiniciar o valor dos contadores. O contador `ind_v` será atualizado automaticamente pela própria

Script MATLAB® executado:

```
clear variables
close all
clc

a = 'XzweiXsteXin';

ind_v = 1;
ind_p = 1;

fprintf('Utilizando o while:\n\n')

while ind_v <= length(a)
    letra = a(ind_v);
    if letra == 'X'
        ind_v = ind_v + 1;
        continue
    end
    minhastr = ['Letra '...
        num2str(ind_p)...
        ': '  a(ind_v)];
    ind_v = ind_v + 1;
    fprintf([minhastr '\n'])
    ind_p = ind_p+1;
end
```

Console MATLAB®:

```
Utilizando o while:

Letra 1: z
Letra 2: w
Letra 3: e
Letra 4: i
Letra 5: s
Letra 6: t
Letra 7: e
Letra 8: i
Letra 9: n
>>
```

Figura 5.21: Utilizando o `continue` no MATLAB® com o `while`

Script MATLAB® executado:

```
clear variables
close all
clc

a = 'XzweiXsteXin';

fprintf('Utilizando o for:\n\n')

ind_p = 1;

for ind_v = 1:length(a)
    if a(ind_v) == 'X'
        continue
    end
    minhastr = ['Letra '...
        num2str(ind_p)...
        ': '  a(ind_v)];
    fprintf([minhastr '\n'])
    ind_p = ind_p+1;
end
```

Console MATLAB®:

```
Utilizando o for:

Letra 1: z
Letra 2: w
Letra 3: e
Letra 4: i
Letra 5: s
Letra 6: t
Letra 7: e
Letra 8: i
Letra 9: n
>>
```

Figura 5.22: Utilizando o `continue` no MATLAB® com o `for`

dinâmica do laço `for`, mas o `ind_p` deve retornar ao valor 1, como feito na linha 28.

O laço `for` já faz o controle completo do contador `ind_v`, portanto não é mais necessário atualizá-lo no escopo do `for`. É importante saber que é uma péssima prática de programação alterar o valor de uma variável contadora em um laço `for`.

Adentrando o escopo do `for`, testa-se o valor do caractere na posição em questão. Caso seja o caractere indesejado, basta executar o comando `continue` e todas as linhas abaixo do bloco do `if` não serão executadas. Caso o caractere não seja o indesejado, então as linhas 34 a 38 criam a string a ser impressa, imprimem a string no console e atualizam o valor do contador `ind_p`.

As impressões em console foram feitas utilizando a função `fprintf` para variar o uso e introduzir novas funções ao repertório do leitor, e também porque ela reconhece caracteres de escape como o `'\n'`, que representa uma quebra de linha.

No caso da implementação em Scilab (Figuras 5.23 e 5.24), o algoritmo utilizado foi exatamente o mesmo da implementação em MATLAB®. As diferenças são que, primeiramente, é necessário quebrar a string em um vetor de caracteres com a função `mstr2sci`, realizado na linha 5. As impressões em tela foram feitas utilizando a função `mprintf`, que recebe dois argumentos: a string formatadora e a string a imprimir. No caso da string formatadora, deve-se utilizar a expressão `'%s'` para se indicar que será impressa uma string. Contudo, os caracteres de quebra de linha (`'\n'`) devem estar também embutidos na string formatadora. O uso do `continue` é exatamente igual ao do realizado em `matlab`.

Apesar de o algoritmo ser muito parecido, a linguagem Python permite o uso de algumas facilidades que tornam o código muito mais conciso. A implementação em Python é mostrada na Figura 5.25.

A primeira diferença importante entre os algoritmos é que o contador `ind_v` é iniciado com o valor zero, pois a indexação no Python se inicia em zero. O algoritmo interno ao `while` é idêntico, bem como o funcionamento do comando `continue`. As principais diferenças são que a forma de se criar strings é mais curta e se pode utilizar o operador `+=` para incrementar os contadores.

Já na execução do laço `for` fica evidente a facilidade proporcionada pela forma com que o próprio Python trata o contador. Pode-se utilizar diretamente a variável `letra` para iterar a string. No MATLAB® isso seria

Script Scilab executado:

```
clear
close(winsid())
clc

a = mstr2sci('XzweiXsteXin')

ind_v = 1;
ind_p = 1;

mprintf('%s\n\n','Utilizando o while:'
    )

while ind_v <= size(a, 2)
    letra = a(ind_v)
    if letra == 'X'
        ind_v = ind_v + 1;
        continue
    end
    minhastr = strcat(['Letra '...
        string(ind_p)...
        ': '  a(ind_v)]);
    ind_v = ind_v + 1;
    mprintf('%s\n',minhastr)
    ind_p = ind_p+1;
end
```

Console Scilab:

```
Utilizando o while
    :

Letra 1: z
Letra 2: w
Letra 3: e
Letra 4: i
Letra 5: s
Letra 6: t
Letra 7: e
Letra 8: i
Letra 9: n
```

Figura 5.23: Utilizando o `continue` com o `while` no Scilab

Script Scilab executado:

```
clear
close(winsid())
clc

a = mstr2sci('XzweiXsteXin')

mprintf('%s\n\n','Utilizando o for:')

ind_p = 1;

for ind_v = 1:size(a, 2)
    if a(ind_v) == 'X'
        continue
    end
    minhastr = strcat(['Letra '...
        string(ind_p)...
        ': ' a(ind_v)]);
    mprintf('%s\n',minhastr)
    ind_p = ind_p+1;
end
```

Console Scilab:

```
Utilizando o for:

Letra 1: z
Letra 2: w
Letra 3: e
Letra 4: i
Letra 5: s
Letra 6: t
Letra 7: e
Letra 8: i
Letra 9: n
```

Figura 5.24: Utilizando o `continue` com o `for` no Scilab

Script Python executado:

```python
a = 'XzweiXsteXin'

ind_v = 0
ind_p = 1

print('Utilizando o while:\n')

while ind_v < len(a):
    letra = a[ind_v]
    if letra == 'X':
        ind_v += 1
        continue
    minhastr = f'Letra {ind_p}: {a[ind_v]}'
    ind_v += 1
    print(minhastr)
    ind_p += 1

print('\n\nUtilizando o for:\n')

ind_p = 1

for letra in a:
    if letra == 'X':
        continue
    print(f'Letra {ind_p}: {letra}')
    ind_p += 1
```

Console Python:

```
Utilizando o while:

Letra 1: z
Letra 2: w
Letra 3: e
Letra 4: i
Letra 5: s
Letra 6: t
Letra 7: e
Letra 8: i
Letra 9: n


Utilizando o for:

Letra 1: z
Letra 2: w
Letra 3: e
Letra 4: i
Letra 5: s
Letra 6: t
Letra 7: e
Letra 8: i
Letra 9: n

Process finished
    with exit code 0
```

Figura 5.25: Utilizando o `continue` no Python

possível facilmente e no Scilab isso seria mais complexo.

O próximo passo é verificar se o caractere é o indesejado. Se sim executa-se o comando `continue`, e caso contrário se imprime a string desejada e se incrementa o contador `ind_p`.

5.6 Interrompendo Laços Prematuramente com o `break`

Da mesma forma que é possível controlar o avanço prematuro para um próximo passo de um laço utilizando o comando `continue`, é possível interromper prematuramente a execução de um laço utilizando o comando `break`. Ao ser executado o comando `break` o laço é terminado exatamente naquele comando, não sendo executado nada que venha na sequência no mesmo passo ou em outros passos.

Para ilustrar este problema, imagina-se que se queira calcular novamente o valor da constante de Euler, porém desta vez utilizando a aproximação:

$$e = \lim_{n \to \infty} \sum_{k=0}^{n} \frac{1}{k!}$$

Deseja-se calcular esta aproximação até que mais uma vez o erro seja menor do que 10^{-6}. Ao final da aproximação se apresenta o valor calculado e a quantidade de iterações realizada.

O código em MATLAB® e em Scilab é apresentado nas Figuras 5.26 e 5.27. O algoritmo é essencialmente o mesmo, e se trata da implementação de um somatório simples. O `for` iniciado na linha 7 se inicia com o contador no valor zero e vai até o valor máximo de 20.

Na variável `e`, a cada passo do laço `for` se acumula mais um termo $1/k!$ do somatório da aproximação da constante de Euler. A função fatorial já é implementada nativamente nos ambientes MATLAB® e Scilab sob o nome de `factorial`. Na linha 9 inicia-se o teste para verificar se o erro é menor do que a tolerância estipulada (de 10^{-6}), e em caso positivo executa-se o comando `break`.

A execução do comando `break` quebra a execução do passo na posição em que estiver, deixando de executar as próximas instruções dentro do mesmo passo e também eventuais passos futuros. No caso deste exemplo, o número de iterações executadas foi 10, e se verifica isso através do contador `c1` após o laço ser quebrado. Neste caso o valor de `c1` é 9 pois na primeira iteração seu valor é zero.

Assim, conclui-se que, apesar de o `for` ter sido programado para ser executado de `c1 = 0` até `c1 = 20`, sua execução parou no passo `c1 = 9` pois a precisão desejada já havia sido atingida.

Script MATLAB® executado:

```
clear variables
close all
clc

e = 0;

for c1 = 0:20
    e = e+1/factorial(c1);
    if exp(1)-e < 1e-6
        break
    end
end

fprintf('Iteracoes: ')
fprintf([num2str(c1+1) '\n'])
fprintf('e = ')
fprintf(num2str(exp(1),'%1.12f'))
fprintf('\n')
fprintf('e ~ ')
fprintf(num2str(e,'%1.12f'))
fprintf('\n')
```

Console MATLAB®:

```
Iteracoes: 10
e = 2.718281828459
e ~ 2.718281525573
>>
```

Figura 5.26: Utilizando o `break` no MATLAB®

Script Scilab executado:

```
clear
close(winsid())
clc

e = 0

for c1 = 0:20
    e = e+1/factorial(c1);
    if exp(1)-e < 1e-6
        break
    end
end

mprintf('Iteracoes: ')
mprintf('%s\n',string(c1+1))
mprintf('e = ')
mprintf('%1.12f',exp(1))
mprintf('\n')
mprintf('e ~ ')
mprintf('%1.12f',e)
mprintf('\n')
```

Console Scilab:

```
Iteracoes: 10
e = 2.718281828459
e ~ 2.718281525573
```

Figura 5.27: Utilizando o `break` no Scilab

Note que esta forma de se calcular a aproximação da constante de Euler é mais vantajosa do que a fórmula utilizada na sessão 5.3. Enquanto a anterior necessitou de 1.358.611 passos para chegar a um erro menor do que 10^{-6}, a fórmula atual necessitou de 10 passos. Obviamente que o exemplo anterior não era iterativo, portanto era possível calcular a aproximação com um só passo conhecendo o valor correto de n. Mesmo assim, utiliza-se este exemplo para mostrar que, além de um bom código, recomenda-se que o leitor pesquise para entender quais as formas mais vantajosas, inclusive matematicamente, de se realizar diversos cálculos.

O mesmo algoritmo é implementado em Python e é exibido na Figura 5.28. A principal diferença é que a função fatorial se encontra dentro do pacote `math`, por isso a chamada na linha 6. O funcionamento do comando `break` é exatamente igual aos casos anteriores.

Alternativamente, seria possível importar apenas as funções `factorial` e `exp` na forma mostrada na Figura 5.29.

Script Python executado:

```python
import numpy as np
import math

e = 0

for c1 in range(21):
    e += 1 / math.factorial(c1)
    if (np.exp(1) - e) < 1e-6:
        break

print(f'Iterações: {c1+1}')
print(f'e = {np.exp(1)}')
print(f'e ~ {e}')
```

Console Python:

```
Iterações: 10
e = 2.718281828459045
e ~ 2.7182815255731922

Process finished with exit code 0
```

Figura 5.28: Utilizando o `break` no Python

Script Python executado:

```python
from math import factorial
from numpy import exp

e = 0

for c1 in range(21):
    e += 1 / factorial(c1)
    if (exp(1) - e) < 1e-6:
        break

print(f'Iterações: {c1+1}')
print(f'e = {exp(1)}')
print(f'e ~ {e}')
```

Console Python:

```
Iterações: 10
e = 2.718281828459045
e ~ 2.7182815255731922

Process finished with exit code 0
```

Figura 5.29: Utilizando o `break` no Python e importando a função `factorial` isoladamente.

5.7 Exclusividade Python: Combinando `while` e `for` com `else`

Nesta seção se trata de uma combinação que é exclusiva da linguagem Python: a possibilidade de se utilizar o comando `else` após um laço `for` ou `while`. Este uso se faz necessário para solucionar um problema clássico da área da programação.

Quando se realiza buscas em vetores, normalmente se utiliza laços e esses laços são quebrados (por um `break`) quando o elemento é encontrado. Normalmente, quando o laço é quebrado, a variável contador não atingiu seu último valor possível a menos que o elemento procurado esteja exatamente na última posição do vetor.

Por isso, quando se termina um laço de busca (normalmente um `for`, mas funciona igualmente para o `while`), é necessário testar novamente se o vetor na posição indicada pelo contador corresponde ao valor procurado ou não. Ou seja, é necessário realizar o mesmo teste duas vezes.

Para evitar estes testes duplicados, a cláusula `else` pode ser adicionada ao final de um laço e só será executada se o laço terminar sua execução sem encontrar nenhum `break`. Esta funcionalidade se encaixa perfeitamente no caso demonstrado acima.

Para ilustrar a problemática, na Figura 5.30, cria-se um vetor `a = [1, 3, 5, 7, 9]` e se implementa uma rotina da forma como se fazia em linguagens como o C para encontrar o valor 9 (que está acidentalmente na última posição do vetor) sem fazer o uso de variáveis adicionais, baseando-se apenas no valor do contador do laço.

O laço que realiza a busca no vetor é executado entre as linhas 8 e 10. Quando o laço termina a sua execução, o valor do contador `c1` é 4, e não é possível saber se este valor é 4 pois o elemento estava na última posição do vetor ou se o elemento não foi encontrado.

O `if` que se inicia na linha 12, verifica-se novamente se o valor do vetor no índice selecionado é o valor procurado. Em caso positivo se imprime uma mensagem e em caso negativo, outra. Nota-se que é uma solução funcional, porém pouco elegante.

Com o `else` após o laço `for` é possível saber exatamente se `break` foi acionado ou não, e sempre que ele for acionado se sabe que o valor foi encontrado. Por isso, a implementação utilizando esta funcionalidade fica muito mais curta e simples, como pode ser visto na Figura 5.31.

O `for` iniciado na linha 8 utiliza o `enumerate` do vetor, portanto a

Script Python executado:

```
a = [1, 3, 5, 7, 9]

# Implementação à moda antiga
# Procurando o elemento 9

desejado = 9

for c1 in range(len(a)):
    if a[c1] == desejado:
        break

if a[c1] == desejado:
    print('Elemento encontrado!')
    print(f'Posição {c1}')
else:
    print('Elemento não encontrado!')
```

Console Python:

```
Elemento encontrado!
Posição 4

Process finished with exit code 0
```

Figura 5.30: Algoritmo à moda antiga de busca de valores em vetores, implementado em Python.

Script Python executado:

```
a = [1, 3, 5, 7, 9]

# Implementação pythonica
# Procurando o elemento 9

desejado = 9

for ind, el in enumerate(a):
    if el == desejado:
        print('Elemento encontrado!')
        print(f'Posição: {ind}')
        break
else:
    print('Elemento não encontrado!')
```

Console Python:

```
Elemento encontrado!
Posição: 4

Process finished with exit code 0
```

Figura 5.31: Algoritmo "pythonico" de busca de valores em vetores, implementado em Python.

variável `ind` possuirá o índice atual do vetor e a variável `el` possuirá o valor do vetor na posição indicada pelo índice. Na linha 9 se testa apenas uma vez se o elemento em questão é o desejado. Se sim, já se imprime as mensagens desejadas e se realiza o `break`. O bloco `else` tratará apenas os casos em que o `break` não foi acionado, ou seja, os casos em que o elemento desejado não foi encontrado. Por isso, no escopo do `else` a única coisa a se fazer é imprimir a mensagem de elemento não encontrado.

Ressaltando novamente, o `else` foi utilizado nos exemplos em conjunto com o laço `for`, mas funciona exatamente da mesma forma com os laços `while`.

Capítulo 6

Trabalhando com Funções Próprias

Nesta altura deste material o leitor já deve estar familiarizado com diversas das funcionalidades e potencialidades das linguagens do MATLAB®, do Scilab e do Python na forma de scripts. O MATLAB® e o Python permitem, também, a programação orientada a objeto, enquanto o Scilab não a permite de maneira propriamente dita mas simula algumas de suas capacidades. A programação orientada a objeto não é tratada neste material, pois nele o foco é a programação estruturada.

Um fator potencializador da programação nestes ambientes é a capacidade de criar funções. Funções são trechos de código específicos que recebem algumas entradas e retornam (ou não) algumas saídas. Normalmente cria-se funções que representam procedimentos que serão realizados repetidas vezes na aplicação em desenvolvimento em questão. Assim, pode-se programar a rotina uma única vez e utilizá-la diversas vezes.

Uma das grandes vantagens de se criar funções é a de que se sistematiza a manutenção de um código. Se uma função possui um erro, ao corrigir uma única função se corrigiu todos os pontos no código nos quais esta função é utilizada. Isto não aconteceria, por exemplo, se o usuário decidisse copiar e colar um trecho de código para executar uma mesma rotina em lugares diferentes do código. Se este trecho tiver erros, o código terá que ser corrigido em todos os lugares nos quais o trecho foi colado, o que geraria muito trabalho e frustração.

Outra grande vantagem de se utilizar funções é a possibilidade de aproveitar código em diferentes aplicações. Se o usuário criou uma biblioteca de funções úteis, esta biblioteca pode permear diversas de duas aplicações sem que ele tenha que reimplementar os códigos todas as vezes.

A escolha de quais tarefas transformar em funções e a forma de fazê-lo é um trabalho de engenharia de software, e demanda, além de conhecimento, experiência em programação. A ideia é que se consiga realizar todas as operações necessárias criando o mínimo de código novo, e que o código criado seja inteligível, eficiente e de fácil manutenção.

Neste capítulo serão apresentadas diferentes formas de se criar funções, sejam elas dentro de scripts (o que chamamos de *inline*) ou fora deles. Além disso, serão apresentadas as formas básicas de se criar funções com número definido e indefinido de argumentos, com número variável de argumentos e saídas e com argumentos opcionais (no caso do Python).

6.1 Criando Funções *Inline*

Funções *inline* são funções criadas no mesmo arquivo no qual se cria o código do script a ser executado. As diferentes linguagens possuem diferentes formas de fazê-lo, e é importante conhecer suas capacidades e suas diferenças. As funções `inline` permitem todas as funcionalidades das funções criadas em arquivos separados. Porém, como se espera que o leitor esteja em um estágio inicial neste tópico e também se deseja dar maior foco na questão *inline*, as funções criadas nesta seção serão mais simples.

Começando pelo MATLAB®, é possível criar funções nos scripts MATLAB® desde que estas funções se encontrem na parte inferior do arquivo, após todo o código do script. É uma definição diferente da utilizada nos outros ambientes, mas acaba contribuindo para a organização do código de certa forma.

Um script MATLAB® muito simples com a definição de duas funções `inline` é mostrado na Figura 6.1. O código efetivo do script se encerra na linha 19, e abaixo desta linha ocorrem as definições das funções `minhasoma` e `minhasub`, que são utilizadas nas linhas 10 e 11, respectivamente.

É importante observar a forma com que uma função é declarada. Sempre se inicia com a palavra reservada `function`, e em seguida encontra-se a variável de saída, o sinal de igual ("`=`"), o nome da função, e as variáveis de entrada entre parênteses simples e separadas por vírgulas. O final da função é delimitado pela palavra `end`.

O número de variáveis de entrada e saída pode se alterar, de zero

Script MATLAB® executado:

```
clear variables
close all
clc

% Codigo do Script

a = 5;
b = 10;

r1 = minhasoma(a, b);
r2 = minhasub(a, b);

fprintf('a + b = ')
fprintf(num2str(r1))
fprintf('\n')

fprintf('a - b = ')
fprintf(num2str(r2))
fprintf('\n')

% Definicao das funcoes

function x = minhasoma(a, b)
    x = a + b;
end

function x = minhasub(a, b)
    x = a - b;
end
```

Console MATLAB®:

```
a + b = 15
a - b = -5
>>
```

Figura 6.1: Criando funções *inline* no MATLAB®.

a quantas variáveis forem necessárias. Neste ponto, por simplicidade, mantém-se apenas uma variável de saída, mas além de poderem ser múltiplas, tanto as de entrada quanto as de saída podem também ser um número variável, o que será explorado mais adiante.

A forma de fazer com que uma função retorne valores também é interessante no MATLAB®. Tomando como exemplo a função `minhasoma`, uma vez que a variável de saída foi declarada como `x`, basta que no corpo da função se atribua algum valor a esta variável que este valor será retornado pela função. Contudo, esta atribuição não tem obrigação nenhuma de ser a última instrução da função. As instruções abaixo dela (quando houverem) serão executadas normalmente.

No MATLAB® também existe a palavra reservada `return`, mas ela não serve para retornar valores. Ela serve para terminar a execução da função na altura em que estiver. Este comando será explorado posteriormente.

Outro comentário importante a se fazer é o de que o nome das variáveis de entrada, na declaração das funções `minhasoma` e `minhasub` não possuem nada a ver com os nomes das variáveis `a` e `b` das linhas 7 e 8 do script. Estas variáveis possuem os mesmos nomes por pura coincidência. As variáveis `a` e `b` da declaração das funções (linhas 23 e 27) servem apenas para distinguir o primeiro e o segundo valores que são passados como argumento para a função, no momento da implementação da função. As funções definidas podem ser chamadas com quaisquer dois parâmetros numéricos, guardados em variáveis com qualquer nome ou não, e com qualquer valor.

A chamada das funções criadas é realizada nas linhas 7 e 8. Como há um argumento de saída, é necessário que se utilize variáveis para capturar este valor (no caso, `r1` e `r2`), caso contrário o valor será capturado pela variável padrão `ans`. Sobre os argumentos de entrada, a identificação é feita pela ordem dos argumentos e não pelo nome das variáveis. Portanto, o primeiro argumento corresponderá à variável `a` na declaração da função e o segundo à variável `b`, também na declaração.

A implementação de um script equivalente em Scilab é realizada na Figura 6.2. A primeira grande diferença é que, no Scilab a declaração das funções não precisa necessariamente estar no topo do script, como mostrado na Figura 6.2, mas precisa ocorrer, no script, antes do uso da função.

A lógica da criação da função é igual à lógica do MATLAB®. A linha de declaração da função é iniciada com a palavra reservada `function`,

Script Scilab executado:

```
clear
close(winsid())
clc

// Definição das funções

function x = minhasoma(a, b)
    x = a + b
endfunction

function x = minhasub(a, b)
    x = a - b
endfunction

// Código do Script

a = 5
b = 10

r1 = minhasoma(a, b)
r2 = minhasub(a, b)

mprintf('a + b = ')
mprintf(string(r1))
mprintf('\n')

mprintf('a - b = ')
mprintf(string(r2))
mprintf('\n')
```

Console Scilab:

```
a + b = 15
a - b = -5
```

Figura 6.2: Criando funções *inline* no Scilab.

seguida da variável de retorno, o sinal de igualdade, o nome da função e as variáveis de entrada entre parênteses separadas por vírgulas. O término da declaração da função é definido pela palavra reservada `endfunction`, diferente do `end` do MATLAB®.

Para retornar um valor pela função basta atribuir um valor à variável de saída declarada. As linhas abaixo desta atribuição de valor são executadas normalmente, até o término da função. Além disso, o Scilab também permite funções sem retorno, funções com múltiplas variáveis de retorno, funções com número variável de variáveis de retorno, funções sem entradas, funções com múltiplas entradas e funções com número variável de entradas. Todos estes casos serão tratados mais adiante neste material.

Um script equivalente é implementado em Python e apresentado na Figura 6.3. O local no script em que a declaração da função *inline* deve aparecer segue a lógica do Scilab: a declaração da função deve necessariamente aparecer antes de seu primeiro uso (não necessariamente no topo do script).

Já a declaração de uma função simples em Python é bastante diferente da declaração em MATLAB® ou em Scilab. Inicia-se a linha com a palavra reservada `def`, seguida do nome da função e dos argumentos, cercados por parênteses simples e separados por vírgulas. O final da linha é delimitado pelo caractere dois-pontos ("`:`").

Os comandos internos ao escopo da função devem estar indentados 4 espaços simples à direita do início da palavra `def`. O retorno da função será definido pelo comando `return` e a expressão retornada será a expressão à direita deste comando. Nenhum comando abaixo do comando `return` é executado. Após o término do corpo da função se deve quebrar duas linhas e criar uma nova linha válida com indentação alinhada à indentação da palavra `def`.

Há algumas questões no Python, como a quebra das duas linhas após o término da função, ou utilizar sempre um espaço após a vírgula em qualquer caso, são questões que não alteram o programa em termos de comandos, por isso se não forem cumpridas o código deverá funcionar normalmente. Contudo, a linguagem Python possui como um de seus princípios a legibilidade, e por isso há um padrão de programação chamado de PEP8 (PEP vem de *Python Enhancement Proposals*), no qual constam estas exigências. Estas exigências são bem pensadas, e quando seguidas, tornam o código ainda mais fácil de compreender. Portanto, busca-se segui-las neste material.

Script Python executado:

```
# Definição das funções

def minhasoma(a, b):
    return a + b


def minhasub(a, b):
    return a - b


# Código do Script

a = 5
b = 10

r1 = minhasoma(a, b)
r2 = minhasub(a, b)

print(f'a + b = {r1}')
print(f'a - b = {r2}')
```

Console Python:

```
a + b = 15
a - b = -5

Process finished with exit
    code 0
```

Figura 6.3: Criando funções *inline* no Python.

O Python também permite o retorno de uma, múltiplas, nenhuma ou um número variável de argumentos, bem como uma, múltiplas, nenhuma ou um número variável de entradas. Além dessas capacidades, que o MATLAB® e o Scilab também permitem, o Python permite a chamada de funções com argumentos opcionais e a chamada através de palavras-chave, na qual a ordem dos argumentos deixa de importar. A forma com que isso é feito será explorada mais adiante neste material.

6.2 Criando Funções em Outros Arquivos

A criação de funções *inline* pode vir a ser conveniente para a criação de pequenos trechos de código. Porém, para códigos grandes ou funções que podem ser úteis em múltiplas aplicações, é mais conveniente criar funções arquivos distintos. Cada um dos ambientes de programação deste material tratam esta questão de uma forma diferente.

Iniciando mais uma vez pelo MATLAB®, neste ambiente é possível criar funções em arquivos separados de forma que cada função esteja em um arquivo próprio. O arquivo no qual a função está salva é um arquivo "`.m`", ou seja, que possui a mesma extensão de um arquivo de script, e o nome do arquivo deve corresponder exatamente ao nome da função salva neste arquivo.

Além disso, há duas formas de se fazer o MATLAB® reconhecer uma função implementada pelo usuário. Uma delas é deixar o arquivo com a implementação da função no diretório de trabalho do MATLAB®, que normalmente é o local onde o arquivo do script a ser executado também se encontra. Outra forma de fazê-lo é deixar a função em uma pasta separada e adicionar esta pasta às pastas de referência do MATLAB®, o que é chamado de MATLAB® *Path*. Esta segunda forma não será abordada neste material.

Na Figura 6.4 se apresenta um script MATLAB® que faz uso das funções `minhasoma` e `minhasub`, implementadas em arquivos diferentes. Uma vez que todos os arquivos (incluindo o do script) estiverem na mesma pasta de trabalho, o script será executado com êxito pelo MATLAB®.

A abordagem do MATLAB® de manter cada função em um arquivo separado é pouco usual. Ela possui as desvantagens de fazer com que um projeto possua muitos arquivos e torna mais complexa a tarefa de criar e manter uma biblioteca coesa de funções. Contudo, manter cada função em um arquivo separado também auxilia na manutenção do código, pois

Script MATLAB® executado:

```
clear variables
close all
clc

a = 5;
b = 10;

r1 = minhasoma(a, b);
r2 = minhasub(a, b);

fprintf('a + b = ')
fprintf(num2str(r1))
fprintf('\n')

fprintf('a - b = ')
fprintf(num2str(r2))
fprintf('\n')
```

Funções MATLAB®:

Arquivo: `minhasoma.m`

```
function x = minhasoma(a, b)
    x = a + b;
end
```

Arquivo: `minhasub.m`

```
function x = minhasub(a, b)
    x = a - b;
end
```

Console MATLAB®:

```
a + b = 15
a - b = -5
>>
```

Figura 6.4: Script MATLAB® utilizando funções declaradas em outros arquivos.

torna mais fácil a tarefa de examinar os arquivos separadamente, e torna mais simples o compartilhamento de funções isoladas.

O Scilab possui uma maneira diferente de lidar com funções implementadas em diferentes arquivos. Este ambiente aceita que várias funções sejam implementadas em um arquivo único, e não cria exigências para o nome deste arquivo. Contudo, a identificação do arquivo no qual se encontra a implementação das funções necessárias não é automática, como no MATLAB®. Além disso, o código da declaração das funções deve ser executado antes do código do script propriamente dito.

Por estes motivos, conforme mostrado no script da Figura 6.5, após as linhas iniciais de limpeza do ambiente, utiliza-se o comando `exec`. Este comando permite a execução de outro script qualquer no momento de execução do código. A implementação das funções necessárias, neste caso, é realizada no arquivo `bib_ex28.sce`, que essencialmente é um script também. Na linha 7 do script original, utiliza-se a função `exec` para provocar a execução do script `bib_ex28.sce` de forma que, programaticamente, a implementação das funções seja executada antes do código principal.

Este uso da função `exec` é análogo à importação de uma biblioteca em outra linguagem, como o Python. Por isso, um conjunto de funções implementadas em um arquivo distinto pode ser interpretado como uma biblioteca em Scilab. Contudo, esta "importação" não pode ser executada antes do comando `clear`, caso contrário as funções serão excluídas da memória do Scilab e não serão executáveis.

A abordagem do Python para a criação de bibliotecas (que nesta linguagem se chamam módulos) é análoga, mas não semelhante, à do Scilab. Em Python o usuário pode implementar todas as funções necessárias em um arquivo a parte de seu script principal e depois apenas importar este script da mesma forma que se faria com um módulo qualquer, utilizando o comando `import` e suas variáveis. Uma das formas possíveis é mostrada na Figura 6.6.

Na primeira linha do script da Figura 6.6 utiliza-se o comando `import` para importar o arquivo no qual foram implementadas as funções. Neste caso, o arquivo é o `bib_ex28.py`, e no `import` não se utiliza a extensão do arquivo, portanto o "`.py`" é omitido. Apenas para relembrar, o comando `as` cria um *alias* (ou seja, um apelido) para esta biblioteca, para facilitar no momento da codificação. Deve-se notar que este *alias* (`mb`, de "minha biblioteca") é utilizado nas linhas 6 e 7 para a chamada das funções necessárias.

Script Scilab executado:

```
clear
close(winsid())
clc

// Executando Script com
// definições de funções
exec('bib_ex28.sce');

a = 5
b = 10

r1 = minhasoma(a, b)
r2 = minhasub(a, b)

mprintf('a + b = ')
mprintf(string(r1))
mprintf('\n')

mprintf('a - b = ')
mprintf(string(r2))
mprintf('\n')
```

Funções Scilab:

Arquivo: bib_ex28.sce

```
function x = minhasoma(a, b)
    x = a + b
endfunction

function x = minhasub(a, b)
    x = a - b
endfunction
```

Console Scilab:

```
a + b = 15
a - b = -5
```

Figura 6.5: Script Scilab utilizando funções implementadas em outro arquivo.

Script Python executado:

```
import bib_ex28 as mb

a = 5
b = 10

r1 = mb.minhasoma(a, b)
r2 = mb.minhasub(a, b)

print(f'a + b = {r1}')
print(f'a - b = {r2}')
```

Funções Python:

Arquivo: `bib_ex28.py`

```
def minhasoma(a, b):
    return a + b


def minhasub(a, b):
    return a - b
```

Console Python:

```
a + b = 15
a - b = -5

Process finished with exit code 0
```

Figura 6.6: Script Python utilizando funções implementadas em outro arquivo.

Uma das funcionalidades interessantes e exclusivas do Python que se poderia desejar utilizar neste código seria a importação de funções específicas do módulo, ao invés do módulo completo. Isso pode ser feito utilizando os comandos `from` e `import`, conforme o exemplo da Figura 6.7.

Neste caso, vale notar que as funções foram importadas diretamente. Uma vez que os pacotes não foram importados por completo, não se cria nome de pacote ou *alias*. As funções podem ser chamadas diretamente, como se tivessem sido implementadas no próprio arquivo.

Por um lado, esta forma de implementação traz simplicidade de implementação e torna o código mais leve, caso o pacote fonte das funções importadas seja muito grande. Por outro, no caso de nomes de funções muito comuns, cria-se o risco de se sobrescrever nomes de funções. Portanto, é necessário ter cautela no uso deste tipo de importação, e utilizar *aliases* de nome de função em caso de conflitos.

6.3 Funções com Múltiplos Argumentos de Entrada e Saída

Em muitos casos, é muito importante que as funções implementadas tenham múltiplos argumentos de entrada e saída. No caso desta seção, trata-se de funções com um número definido de entradas e saídas, ou seja, podem haver várias entradas e várias saídas, mas sua quantidade é fixa e conhecida.

Para ilustrar o uso de múltiplas entradas e saídas, cria-se uma função que é a junção das funções `minhasoma` e `minhasub`, usadas nos exemplos anteriores. Esta função receberá dois argumentos (`a` e `b`) e retornará dois valores, sendo `x` a soma de `a` e `b`, e `y` a diferença entre `a` e `b`.

A implementação em MATLAB® seguida do script que a utiliza é mostrada na Figura 6.8.

Para a definição de múltiplos argumentos de saída na declaração da função, é necessário, depois da palavra reservada `function`, incluir todas as variáveis de saída entre colchetes quadrados ("`[`" e "`]`") e separadas por vírgulas. As variáveis podem possuir tamanhos diferentes (por exemplo, uma ser um escalar, outra uma string e outra uma matriz), pois esta notação não implica em concatenação dos valores. Portanto, este tipo de chamada funcionará perfeitamente.

Script Python executado:

```
from bib_ex28 import minhasoma, minhasub

a = 5
b = 10

r1 = minhasoma(a, b)
r2 = minhasub(a, b)

print(f'a + b = {r1}')
print(f'a - b = {r2}')
```

Funções Python:

Arquivo: bib_ex28.py

```
def minhasoma(a, b):
    return a + b


def minhasub(a, b):
    return a - b
```

Console Python:

```
a + b = 15
a - b = -5

Process finished with exit code 0
```

Figura 6.7: Script Python importando funções implementadas em outro arquivo de forma alternativa.

Script MATLAB® executado:

```
clear variables
close all
clc

a = 5;
b = 10;

[r1, r2] = somasub(a, b);

fprintf('a + b = ')
fprintf(num2str(r1))
fprintf('\n')

fprintf('a - b = ')
fprintf(num2str(r2))
fprintf('\n')
```

Console MATLAB®:

```
a + b = 15
a - b = -5
>>
```

Funções MATLAB®:

Arquivo: `somasub.m`

```
function [x, y] = somasub(a, b)

% Documentacao da funcao
%
% Empresa: Zweistein
% Descricao: funcao que retorna a soma e a subtracao de
    dois valores.

x = a + b;
y = a - b;
```

Figura 6.8: Uso de funções com número definido de argumentos de entrada e saída em MATLAB®.

Já os argumentos de entrada ficam da mesma forma já explorada: após o nome da função, entre parênteses simples e separados por vírgulas.

A cada um dos argumentos de saída deve ser atribuído um valor no corpo da função. Caso isso não aconteça, o MATLAB® acusará um erro dizendo que não foi atribuído um valor a uma variável de saída específica.

A função MATLAB® que é implementada em um arquivo em separado do script, como a exibida na Figura 6.8, não necessita da terminação de escopo com a palavra `end` como a função definida *inline*, ou seja, no mesmo arquivo do script. Por isso, na figura mostrada, esta função não possui essa terminação.

Para chamar a função no script, deve-se iniciar a linha com as variáveis que receberão as saídas entre colchetes quadrados e separadas por vírgulas. Após o fechamento do colchete, utiliza-se o sinal de igual ("="), e por fim o nome da função com os argumentos entre parênteses simples e separados por vírgulas. Isto é exemplificado na linha 8 do script da Figura 6.8.

A lógica da criação de função com múltiplos argumentos de saída no Scilab e sua chamada em script são iguais ao que se encontra no MATLAB®. Um exemplo da mesma aplicação pode ser encontrado na Figura 6.9.

Na linguagem Python também é possível fazer com que uma função retorne múltiplos valores. Isso é possível através de uma estrutura de dados do Python chamada tupla. Esta estrutura é uma combinação imutável de valores, que basicamente combina todos os valores de retorno da função em um elemento único de forma programaticamente discreta.

Todos os detalhes da implementação e da execução da função podem ser vistos na Figura 6.10. No módulo onde a função é definida, a linha da definição da função fica inalterada, pois nela não se inclui informações sobre o retorno da função. Contudo, após todos os cálculos, o comando `return` é seguido por uma lista de resultados a serem retornados, separados por vírgulas simples.

A chamada desta função, realizada na linha 6 do script da Figura 6.10, é iniciada com uma lista das variáveis que vão receber cada resultado, separadas por vírgulas. Esta lista será obedecida na ordem de implementação da função. A seguir se utiliza o sinal de igual ("=") e depois vem a chamada da função com seu nome e a lista de entradas na ordem de implementação, entre parênteses simples e separadas por vírgulas.

A questão das tuplas, mencionadas anteriormente, passará a fazer

Script Scilab executado:

```
clear
close(winsid())
clc

exec('bib_ex29.sce');

a = 5;
b = 10;

[r1, r2] = somasub(a, b);

mprintf('%s%d\n',...
        "a + b = ",r1)

mprintf('%s%d\n',...
        "a - b = ",r2)
```

Console Scilab:

```
a + b = 15
a - b = -5
```

Funções Scilab:

Arquivo: `bib_ex29.sce`

```
function [x, y] = somasub(a, b)
// Documentação da função
//
// Empresa: Zweistein
//
// Função que calcula a soma e a diferença entre duas entradas.

    x = a + b;
    y = a - b;
endfunction
```

Figura 6.9: Uso de funções com número definido de argumentos de entrada e saída em Scilab.

Script Python executado:

```
from bib_ex29 import
    somasub

a = 5
b = 10

r1, r2 = somasub(a, b)

print(f'a + b = {r1}')
print(f'a - b = {r2}')
```

Funções Python:

Arquivo: bib_ex29.py

```
def somasub(a, b):
    x = a + b
    y = a - b
    return x, y
```

Console Python:

```
a + b = 15
a - b = -5

Process finished with exit
    code 0
```

Figura 6.10: Implementação e uso de uma função em Python com múltiplos argumentos de saída.

sentido quando se realizar um teste alterando a forma de se chamar a função `somasub`. Na Figura 6.11 realiza-se este teste chamando a função no script com apenas um argumento de saída.

Script Python executado:

```
from bib_ex29 import somasub

a = 5
b = 10

x = somasub(a, b)

print(x)
```

Funções Python:

Arquivo: `bib_ex29.py`

```
def somasub(a, b):
    x = a + b
    y = a - b
    return x, y
```

Console Python:

```
(15, -5)

Process finished with exit
    code 0
```

Figura 6.11: Testando a chamada de uma função com múltiplas saídas utilizando uma única saída em Python.

No console de saída da Figura 6.11 se observa o resultado `(15, -5)`, que são os resultados obtidos nos cálculos realizados anteriormente, mas dispostos entre parênteses. Esta notação mostra que os resultados obtidos foram retornados na forma de uma tupla, que em Python é uma espécie de vetor ordenado imutável.

Os valores contidos na tupla são, posteriormente, atribuídos a cada uma das variáveis do lado esquerdo do sinal de igual. Esta operação de realizar as atribuições sucessivas, em Python, se chama *unpacking*. Assim, as funções Python, na verdade, sempre retornam apenas um argumento, como as funções em C. Porém, com o uso das tuplas e a discreta operação de *unpacking*, cria-se a impressão de que se retornou múltiplos argumentos.

Uma modificação do exemplo em questão é implementada na Figura 6.12. Na linha 6 do script desta figura, realiza-se a chamada da função `somasub` com apenas uma variável de saída, ou seja, o resultado contido em `x` é uma tupla.

Script Python executado:

```
1 from bib_ex29 import somasub
2
3 a = 5
4 b = 10
5
6 x = somasub(a, b)
7
8 r1, r2 = x
9
10 print(f'a + b = {r1}')
11 print(f'a - b = {r2}')
```

Funções Python:

Arquivo: `bib_ex29.py`

```
def somasub(a, b):
    x = a + b
    y = a - b
    return x, y
```

Console Python:

```
a + b = 15
a - b = -5

Process finished with exit code 0
```

Figura 6.12: Realizando o *tuple unpacking* do Python de maneira explícita.

Na linha 8 do mesmo script, realiza-se explicitamente o *unpacking* desta tupla, ou seja, o valor do primeiro elemento da tupla é atribuído a `r1` e o segundo a `r2`. É importante saber que o *unpacking* só funciona se houverem tantas variáveis quantos forem os elementos da tupla. Se o número de variáveis for diferente, haverá um erro de execução.

6.3.1 Exclusividade Python: Chamada por Palavras-Chave

A chamada de funções no MATLAB® e no Scilab é feita de forma que a passagem dos argumentos no momento da chamada da função deve obedecer a mesma ordem em que os argumentos foram posicionados na implementação da função. Se os argumentos forem passados em ordem incorreta, a função não será capaz de realizar o seu papel corretamente.

Em Python esta convenção também é verdadeira. Contudo, esta não é a única forma de se realizar uma chamada de função nesta linguagem. O Python também aceita a chamada de função utilizando o que se chama de *keyword arguments*.

Os *keyword arguments*, ou argumentos por palavra-chave, são uma forma de se realizar a chamada da função de maneira que a ordem dos argumentos deixa de importar, pois é possível identificá-los através das palavras chave.

Um exemplo é mostrado na Figura 6.13, na qual se implementa uma função que calcula o volume de um cilindro e se realiza a chamada desta função de diferentes formas.

A função do exemplo deve receber como argumentos o raio (chamado na implementação de `r`) e a altura do cilindro (chamada na implementação de `h`). No script, ainda na Figura 6.13, a função é chamada de três formas. Na linha 6, ela é chamada apenas com os argumentos na ordem correta, e o resultado é guardado na variável `v1`. Na linha 7, a mesma função é chamada com os parâmetros em ordem inversa (portanto, incorreta) e o resultado é armazenado na variável `v2`.

Já na linha 8, a chamada é realizada na ordem inversa da implementação, mas cada argumento é discriminado pelo nome da variável utilizada na implementação da função. Assim, na chamada da função, a expressão `h=altura` representa que, independente da ordem em que os parâmetros forem passados, à variável `h` se deve atribuir o valor armazenado na variável `altura`. O mesmo vale para a expressão `r=raio`.

Assim, pode-se observar no console da Figura 6.13 que, apesar da ordem diferente da implementação, a chamada realizada na linha 8 do script foi capaz de gerar um resultado correto, pois os valores de cada parâmetro de entrada foram identificados não pela ordem, mas sim pela palavra chave que os acompanha na chamada.

Um curiosidade deste exemplo que merece ser mencionada é o fato de que o valor da constante π é utilizado pela função `volume_cil`. Por isso, a importação desta constante do pacote `math` deve ser feita no arquivo em que a função é implementada. No arquivo principal, onde a função é utilizada mas não implementada, não é preciso realizar novamente esta importação.

6.3.2 Exclusividade Python: Argumentos com Valor Padrão

Outra funcionalidade presente apenas na linguagem Python é a possibilidade de se definir argumentos para funções que possuam um valor padrão.

Script Python executado:

```
from bib_ex30 import volume_cil

raio = 0.2
altura = 1

v1 = volume_cil(raio, altura)
v2 = volume_cil(altura, raio)
v3 = volume_cil(h=altura, r=raio)

print(f'v1 = {v1} m³ (correto)')
print(f'v2 = {v2} m³ (errado)')
print(f'v3 = {v3} m³ (correto)')
```

Funções Python:

Arquivo: `bib_ex30.py`

```
from math import pi


def volume_cil(r, h):
    return pi * (r ** 2) * h
```

Console Python:

```
v1 = 0.12566370614359174 m³ (correto)
v2 = 0.6283185307179586 m³ (errado)
v3 = 0.12566370614359174 m³ (correto)

Process finished with exit code 0
```

Figura 6.13: Realizando chamada de função com *keyword arguments* em Python.

Estes parâmetros também são chamados de parâmetros opcionais, pois não precisam ser informados caso o valor padrão não seja alterado.

Para exemplificar este tipo de função, pode-se criar uma função que calcule a velocidade de um objeto em queda livre desprezando a resistência aerodinâmica. Sabe-se que esta velocidade é dada por:

$$v = \sqrt{2gh}$$

Neste caso, h é a altura de queda, g é a aceleração da gravidade local e v é a velocidade desejada. Sabe-se que normalmente utiliza-se esta função para cálculo de situações no planeta Terra, portanto o valor usual para g é de 9,81 m/s^2. Assim, pode-se implementar a função de forma que este seja o valor padrão para g e o usuário poderá alterá-lo somente quando necessário.

A implementação da função e os testes em script são mostrados na Figura 6.14. Na implementação da função `queda_livre`, os argumentos de entrada são a aceleração da gravidade `g` e a altura `h`. Contudo, o parâmetro `g` possui um valor padrão de 9.81. Por este motivo, logo na chamada da função utiliza-se a expressão `g=9.81`. O parâmetro `h` não possui valor padrão, e por este motivo ele deve ser incluído antes do parâmetro `g` na chamada da função.

Como o Python proporciona esta funcionalidade de parâmetros com valor padrão, para que a função possa ser chamada posteriormente sem ambiguidades é necessário que, na definição da função sejam inseridos primeiro todos os parâmetros que não possuem valor padrão e depois todos os parâmetros que possuem valor padrão. Há mais elementos que podem ser inclusos, e para estes outros elementos também há uma ordem específica que será explorada posteriormente.

A questão é que, já na implementação da função, o parâmetro `g` recebeu um valor padrão. Por isso, se este valor não necessitar de alteração, o parâmetro `g` não precisará ser informado na chamada da função. Na linha 6 do script da Figura 6.14, a função `queda_livre` é chamada utilizando apenas o valor armazenado na variável `altura`, que é atribuído ao parâmetro `h` da função seguindo a ordem de implementação.

Já na linha 9 do mesmo script, o valor de `g` precisa ser alterado. A chamada da função é feita de forma que o primeiro valor passado é o valor armazenado na variável `altura`, e o segundo parâmetro é passado numericamente através da palavra-chave `g`. Esta é uma prática bastante utilizada: chamar a função com os parâmetros obrigatórios identifica-

Script Python executado:

```
from bib_ex31 import queda_livre

altura = 10

# Queda livre na Terra
v_terra = queda_livre(altura)
# Queda livre na Lua (g = 1.6 m/s²)
v_lua = queda_livre(altura, g=1.6)
# Queda livre em Marte (g = 3.71 m/s²)
v_marte = queda_livre(altura, 3.71)

print(f'Velocidade após queda livre de {altura}m:')
print(f'Terra: {v_terra} m/s')
print(f'Lua:   {v_lua} m/s')
print(f'Marte: {v_marte} m/s')
```

Funções Python:

Arquivo: bib_ex31.py

```
from math import sqrt

def queda_livre(h, g=9.81):
    return sqrt(2 * g * h)
```

Console Python:

```
Velocidade após queda livre de 10m:
Terra: 14.007141035914502 m/s
Lua:   5.656854249492381 m/s
Marte: 8.613942186943213 m/s
```

Figura 6.14: Realizando chamada de função com argumentos com valor padrão em Python.

dos pela ordem e os com valor padrão alterado através da chamada por palavra-chave.

Porém, não é estritamente necessário utilizar a chamada por palavra chave para alteração de valores padrão. Na linha 12 do mesmo script, a chamada da função é feita de forma que tanto o parâmetro obrigatório quanto o com valor padrão alterado, são identificados na chamada da função apenas pela ordem de chamada, sem que se utilize palavras-chave. Este uso também é comum, mas deixa menos explícita a questão de o parâmetro ser opcional.

A chamada realizada na linha 15 identifica tanto o parâmetro obrigatório quanto o opcional através das palavras-chave. Por isso, os parâmetros não precisam mais estar na ordem de implementação da função. Esta forma de chamada da função é válida e acaba por melhorar a legibilidade do código.

6.4 Funções com Número Variável de Argumentos de Entrada

Em alguns casos, na programação de algoritmos de cálculos mais complexos, é necessário, ou no mínimo muito conveniente, utilizar funções com número variável de parâmetros de entrada. Ambas as linguagens de programação tratadas neste material permitem este uso mas de maneiras diferentes.

No caso do MATLAB®, para a implementação de número variável de entradas em uma função utiliza-se as palavras `varargin` e `nargin`. A palavra `varargin` representa um número variável de entradas, e deve ser utilizada na implementação da função, em sua chamada, como mostrado na Figura 6.15, na implementação da função `media`.

O objetivo da função `media` é calcular a média aritmética de todos os números passados como argumentos, independente de quantos sejam. Por isso, no lugar dos argumentos da função se insere a palavra `varargin`. Esta palavra também se comporta como um tipo específico de variável do MATLAB®, que se chama `cell`. Uma `cell` é basicamente um *array* multidimensional (ou seja, pode ser um vetor, uma matriz, etc.), mas em cada posição deste *array* pode-se armazenar diferentes tipos de dados. Em um vetor comum, por exemplo, é permitido armazenar apenas valores de um tipo, ou seja, que sejam todos números, ou todos caracteres, e assim

Script MATLAB® executado:

```
clear variables
close all
clc

m1 = media();
fprintf('m1 = ')
fprintf('%f\n', m1)

m2 = media(10);
fprintf('m2 = ')
fprintf('%f\n', m2)

m3 = media(7.4, 9, 4);
fprintf('m3 = ')
fprintf('%f\n', m3)
```

Console MATLAB®:

```
m1 = 0.000000
m2 = 10.000000
m3 = 6.800000
>>
```

Funções MATLAB®:

Arquivo: `media.m`

```
function s = media(varargin)

s = 0;

if nargin>0
    for c1 = 1:nargin
        s = s + varargin{c1};
    end

    s = s/nargin;
end
```

Figura 6.15: Uso de funções com número variável de entradas em MATLAB®.

sucessivamente. Já em uma `cell` cada posição pode conter um dado de um tipo diferente.

A escolha do `varargin` ser uma `cell` é essencial para o funcionamento das funções com múltiplos argumentos no MATLAB® pois permite que cada argumento possa ter um tipo diferente dos demais. A variável `varargin` acaba sendo apenas uma `cell` do tipo vetor linha na qual cada elemento é um dos argumentos passados para a função. Por ser uma `cell` a indexação não é feita através dos parênteses, como se faz indexação de vetores e matrizes em MATLAB®, mas sim através das chaves ("`{`" e "`}`"), conforme mostrado na linha 7 da implementação da função `media` na Figura 6.15.

Acompanhando a palavra `varargin`, pode-se utilizar a palavra `nargin`. Esta palavra é um número inteiro que representa o número de argumentos de entrada passados para a função. Por isso, na implementação da função `media`, utiliza-se esta palavra três vezes. Na linha 5 realiza-se um teste para saber se a função possui um ou mais argumentos. Caso contrário ela deve retornar zero. Na linha 6, dentro do `if` ela limita o `for` até o número máximo de elementos do `varargin`. Já na linha 10, divide-se a soma `s` pelo número de elementos (`nargin`) para se calcular a média aritmética dos elementos.

No script da Figura 6.15 se realiza a chamada da função `media` com nenhum, um e três argumentos, e inspecionando o console se pode observar que a função funciona conforme o esperado.

A mesma implementação realizada no MATLAB® é realizada no Scilab e mostrada na Figura 6.16.

A implementação no Scilab, conforme esperado, possui muitas semelhanças com relação ao MATLAB®; em especial a presença das palavras `varargin` e `nargin`, que funcionam essencialmente da mesma forma. A diferença é que no Scilab não existe o tipo de dado `cell`, mas existe um análogo chamado de lista (`list`). As listas, em Scilab, são indexadas através dos parênteses simples, como os vetores. Portanto, na linha 7 da implementação da função `media` em Scilab, na Figura 6.16, a indexação é feita utilizando os parênteses. No mais, o funcionamento da função é o mesmo que o obtido no MATLAB®.

Já na linguagem Python existem artifícios para fazer com que as funções possuam um número variável de argumentos de entrada, mas estes artifícios são diferentes. A diferença se inicia na implementação da chamada da função, apresentada na Figura 6.17. O argumento passado para

Script Scilab executado:

```
clear
close(winsid())
clc

exec('bib_ex32.sce');

m1 = media();
mprintf('m1 = ')
mprintf('%f\n', m1)

m2 = media(10);
mprintf('m2 = ')
mprintf('%f\n', m2)

m3 = media(7.4, 9, 4);
mprintf('m3 = ')
mprintf('%f\n', m3)
```

Console Scilab:

```
m1 = 0.000000
m2 = 10.000000
m3 = 6.800000
```

Funções Scilab:

Arquivo: bib_ex32.sce

```
function s = media(varargin)

    s = 0;

    if nargin>0
        for c1 = 1:nargin
            s = s + varargin(c1);
        end

        s = s/nargin;
    end

endfunction
```

Figura 6.16: Uso de funções com número variável de entradas em Scilab.

a função é iniciado com o caractere asterisco ("*") e pode ter qualquer nome. Isso indica que esta variável conterá tantos elementos quantos forem os argumentos passados na chamada da função.

Script Python executado:

```
from bib_ex32 import media

m1 = media()
m2 = media(10)
m3 = media(7.4, 9, 4)

print(f'm1 = {m1}')
print(f'm2 = {m2}')
print(f'm3 = {m3}')
```

Console Python:

```
m1 = 0
m2 = 10.0
m3 = 6.8

Process finished with exit
    code 0
```

Funções Python:

Arquivo: `bib_ex32.py`

```
1  def media(*nums):
2  
3      s = 0
4  
5      if len(nums) == 0:
6          return s
7  
8      for el in nums:
9          s += el
10 
11     return s/len(nums)
```

Figura 6.17: Uso de funções com número variável de entradas em Python.

Dentro da função `media`, a variável `nums` é uma tupla (ou seja, uma lista imutável em Python), e por isso pode ser tratada como tal. A ela pode ser aplicada, por exemplo, a função nativa `len` do Python, que calcula o comprimento de listas, tuplas, conjuntos e dicionários (todos tipos de dados da linguagem). Isto é feito nas linhas 4 e 10 da implementação da função `media`.

A variável `nums`, por ser uma tupla, também é iterável. Por isso pode-se utilizar a própria variável como um elemento de iteração no `for` da linha 7 da implementação da função.

A implementação da função média, escolhida em Python, é programaticamente diferente da realizada em MATLAB® e em Scilab por se explorar o comando `return`. Na linha 4 da implementação da função se testa de o comprimento da variável `nums` é zero (sao em que nenhuma entrada foi passada). Neste caso, já se retorna o valor zero e não se executa mais nenhum comando da função. Passado este teste, caso haja elementos de entrada, executa-se o `for` realizando a soma de todos os elementos na variável `s` e depois retorna-se o valor desta variável dividido pelo comprimento da tupla, que é o número de elementos.

Tirando as questões de sintaxe e implementação, a chamada da função no script Python ocorre da mesma forma que nas demais linguagens e o funcionamento é o mesmo, conforme esperado.

6.5 Funções com Argumentos Fixos e Variáveis de Entrada

Como as linguagens de programação permitem um número variável de argumentos, passa a fazer sentido que algumas funções exijam alguns parâmetros de maneira obrigatória e outros de maneira variável. Na função `media`, por exemplo, poderia-se pensar em um argumento obrigatório informando qual o tipo de média a ser calculada, e depois um conjunto de tamanho variável com os dados para o cálculo da média.

Para se exemplificar esta funcionalidade das linguagens, implementa-se a função descrita acima com o nome de `media_t`. Esta função recebe como parâmetro obrigatório o tipo de média (`'a'` para aritmética e `'g'` para geométrica), e depois o conjunto de dados para o cálculo.

Em MATLAB®, a implementação fica na forma mostrada nas Figuras 6.18 e 6.19. A grande restrição para se utilizar variáveis obrigatórias e de número variável na chamada da mesma função é que a variável `varargin` deve constar como o último argumento na implementação da função.

Outro ponto importante é o funcionamento da palavra `nargin`. Esta palavra sempre retornará o número de entradas informadas no momento do uso da função. Assim, no exemplo das Figuras 6.18 e 6.19, se o valor de `nargin` for zero, a função foi chamada sem nenhum parâmetro. Nas

Script MATLAB® executado:

```
clear variables
close all
clc

m1a = media_t('a', 2, 8);
m2a = media_t('a', 4);
m3a = media_t('a');
m4a = media_t('a', 2, 8, 8);

m1g = media_t('g', 2, 8);
m2g = media_t('g', 4);
m3g = media_t('g');
m4g = media_t('g', 2, 8, 8);

fprintf('m1a = %f\n', m1a)
fprintf('m2a = %f\n', m2a)
fprintf('m3a = %f\n', m3a)
fprintf('m4a = %f\n', m4a)
fprintf('m1g = %f\n', m1g)
fprintf('m2g = %f\n', m2g)
fprintf('m3g = %f\n', m3g)
fprintf('m4g = %f\n', m4g)
```

Console MATLAB®:

```
m1a = 5.000000
m2a = 4.000000
m3a = 0.000000
m4a = 6.000000
m1g = 4.000000
m2g = 4.000000
m3g = 0.000000
m4g = 5.039684
>>
```

Figura 6.18: Uso de funções com número variável de entradas e entradas obrigatórias em MATLAB®.

Arquivo: media_t.m

```
function s = media_t(tipo, varargin)

s = 0;

if nargin == 0
    error('Tipo de media indefinido')
end

if nargin == 1
    return
end

if tipo == 'a'
    for c1 = 1:(nargin-1)
        s = s + varargin{c1};
    end
    s = s / (nargin-1);
elseif tipo == 'g'
    s = 1;
    for c1 = 1:(nargin-1)
        s = s * varargin{c1};
    end
    s = s^(1/(nargin-1));
else
    error('Tipo de media nao definido')
end
```

Figura 6.19: Funções MATLAB® utilizadas na Figura 6.18.

linhas 7 e 12 do script, o valor de `nargin` será 1. Nas linhas 6 e 11 do script o valor de `nargin` será 2. E assim, sucessivamente. Desta forma, o valor de `nargin`, neste caso, não é o comprimento da cell `varargin`, mas sim a quantidade de parâmetros informada.

Com relação à implementação da função, na linha 5 se realiza um teste se a variável `nargin` é nula. Neste caso, nem mesmo o primeiro argumento foi informado. Assim, o MATLAB® interromperá a execução do programa acusando um erro, proposital, criado na linha 6. A função `error`, no MATLAB®, serve justamente para declarar um erro e parar a execução de qualquer programa.

Neste ponto da função, é muito importante que ela não retorne nenhum valor, pois a chamada com zero argumentos é incorreta. Deve-se apontar erros sempre que se encontrar uso indevido de partes do código.

Na linha 9 da função testa-se novamente o número de argumentos da função, uma vez que se esta linha foi atingida, a variável `nargin` não é nula. Se seu valor for 1, significa que o tipo de média pode ter sido definido, mas nenhum conjunto de dados foi informado. Neste caso seria conveniente retornar o valor zero, mas como já se atribuiu o valor zero a `s` na linha 3, basta que a função pare de ser executada sem que o código abaixo seja executado e sem gerar erros. Este é o papel do comando `return` no MATLAB®.

O comando `return` do MATLAB® faz com que uma função termine sua execução no ponto em que o comando foi executado. Neste caso, a variável de saída já possuía valor atribuído, portanto a função se encerrará sem executar mais códigos ou produzir erro.

É fato que na linha 9 da função poderia-se verificar também o argumento passado para verificar se é um tipo de média válido. Contudo, para este exemplo, o objetivo era apenas mostrar o funcionamento das variáveis `varargin` e `nargin`.

Das linhas 13 a 26 da implementação da função `media_t`, verifica-se o tipo de média a ser calculado. Em caso de o primeiro parâmetro ser o caractere `'a'`, calcula-se a média aritmética e em caso de ele ser `'g'`, calcula-se a média geométrica. Em qualquer outro caso se acusa um erro pois o tipo de média informado foi incorreto (ou inválido).

Na linguagem Python, a variável argumento que se inicia com asterisco ("`*`") pode ser utilizada juntamente com variáveis obrigatórias, mas há algumas exigências a serem cumpridas. Primeiramente, os exemplos das Figuras 6.18 a 6.21 serão implementados também em Python e exibidos

Script Scilab executado:

```
clear
close(winsid())
clc

exec('bib_ex33.sce');

m1a = media_t('a', 2, 8);
m2a = media_t('a', 4);
m3a = media_t('a');
m4a = media_t('a', 2, 8, 8);

m1g = media_t('g', 2, 8);
m2g = media_t('g', 4);
m3g = media_t('g');
m4g = media_t('g', 2, 8, 8);

mprintf('m1a = %f\n', m1a)
mprintf('m2a = %f\n', m2a)
mprintf('m3a = %f\n', m3a)
mprintf('m4a = %f\n', m4a)
mprintf('m1g = %f\n', m1g)
mprintf('m2g = %f\n', m2g)
mprintf('m3g = %f\n', m3g)
mprintf('m4g = %f\n', m4g)
```

Console Scilab:

```
m1a = 5.000000
m2a = 4.000000
m3a = 0.000000
m4a = 6.000000
m1g = 4.000000
m2g = 4.000000
m3g = 0.000000
m4g = 5.039684
```

Figura 6.20: Uso de funções com número variável de entradas e entradas obrigatórias em Scilab.

Arquivo: bib_ex33.sce

```
function s = media_t(tipo, varargin)

s = 0;

if nargin == 0
    error('Tipo de media indefinido')
end

if nargin == 1
    return
end

if tipo == 'a'
    for c1 = 1:(nargin-1)
        s = s + varargin(c1);
    end
s = s / (nargin-1);
elseif tipo == 'g'
    s = 1;
    for c1 = 1:(nargin-1)
        s = s * varargin(c1);
    end
    s = s^(1/(nargin-1));
else
    error('Tipo de media nao definido')
end

endfunction
```

Figura 6.21: Funções Scilab utilizadas na Figura 6.20.

nas Figuras 6.22 e 6.23.

Script Python executado:

```
from bib_ex33 import media_t

m1a = media_t('a', 2, 8)
m2a = media_t('a', 4)
m3a = media_t('a')
m4a = media_t('a', 2, 8, 8)

m1g = media_t('g', 2, 8)
m2g = media_t('g', 4)
m3g = media_t('g')
m4g = media_t('g', 2, 8, 8)

print(f'm1a = {m1a}')
print(f'm2a = {m2a}')
print(f'm3a = {m3a}')
print(f'm4a = {m4a}')
print(f'm1g = {m1g}')
print(f'm2g = {m2g}')
print(f'm3g = {m3g}')
print(f'm4g = {m4g}')
```

Console Python:

```
m1a = 5.0
m2a = 4.0
m3a = 0
m4a = 6.0
m1g = 4.0
m2g = 4.0
m3g = 0
m4g =
    5.039684199579492


Process finished
    with exit code 0
```

Figura 6.22: Uso de funções com número variável de entradas e entradas obrigatórias em Python.

O script da Figura 6.22 é quase idêntico aos scripts utilizados no MATLAB® e bo Scilab. Por isso, foca-se a explicação deste exemplo na implementação da função `media_t`. No MATLAB® e no Scilab o primeiro teste feito era com relação ao parâmetro `nargin` ser nulo, caso em que o usuário não teria passado nenhum parâmetro. Em Python, caso a função seja invocada sem que se dê nenhum argumento, a própria linguagem gerará um erro antes mesmo de executar a função, pois nenhuma das variáveis de entrada terá valor atribuído. Por isso, não é necessário tratar este caso.

O próximo caso a ser tratado é o caso de o tipo de média ser especificado mas nenhum valor ser passado, ou seja, a função `media_t` ser

Arquivo: bib_ex33.py

```
def media_t(tipo, *nums):

    if len(nums) == 0:
        return 0

    if tipo == 'a':
        s = 0
        for el in nums:
            s += el
        return s/len(nums)
    elif tipo == 'g':
        s = 1
        for el in nums:
            s *= el
        return s ** (1/len(nums))
    else:
        raise ValueError(f'O tipo de média {tipo} não foi implementado')
```

Figura 6.23: Funções Python utilizadas no script da Figura 6.22.

chamada com apenas um parâmetro. Neste caso o parâmetro passado será atribuído à variável `tipo` e a tupla `nums` terá valor nulo. Então, na linha 3 da implementação da função na Figura 6.22, testa-se o caso de o comprimento da tupla `nums` ser nulo. Neste caso, define-se que a função deve retornar zero. Novamente, neste ponto caberia um teste para verificar se na variável `tipo` há um tipo de média válido, mas neste exemplo escolheu-se por não realizar este teste.

Na linha 6 da implementação da função, testa-se se o tipo de média informado é o tipo `'a'`. Neste caso, utiliza-se um `for` para acumular os valores passados e se retorna o valor acumulado dividido pelo número de elementos em `nums`, que é o número de elementos da média. Já na linha 11, testa-se se o tipo de média passado é o `'g'`. Neste caso, utiliza-se um `for` para acumular o produto dos elementos na variável `s` e depois se retorna o valor acumulado elevado a o inverso do número de elementos da variável `nums`, que é a n-ésima raiz utilizada na média geométrica.

Na linha 17 é importante notar que, caso nenhum dos dois tipos aceitos de média for informado, o Python deve acusar um erro. Isso é feito através do comando `raise` que irá acusar algo que se chama tecnicamente de exceção (*exception*). As exceções são tipos de erros tratáveis, que podem não terminar a execução do programa se forem capturados em tempo. A função `ValueError` retorna uma exceção de erro de valor, e aceita como parâmetro uma string que representa a mensagem a ser apresentada no console.

Além destes detalhes, diferentemente do MATLAB® e do Scilab, o Python aceita argumentos antes e depois da declaração da variável com asterisco (no caso, `*nums`). A diferença é que os argumentos antes da variável com asterisco podem ser referenciados através da ordem, mas os que estão após dessa variável só podem ser referenciados através de palavras-chave. Isso permite que se consiga criar funções com número de argumentos variável e parâmetros padrão. Para se exemplificar uma função com argumentos antes e após uma variável com asterisco, se mostra o exemplo da Figura 6.24, no qual se utiliza uma função *inline* por praticidade.

Na chamada da função, o Python compreende que o primeiro argumento deve ser atribuído à variável `var1` e os demais, antes da variável chamada com palavra-chave, devem ser atribuídas à tupla armazenada em `args`. A variável `var2` não pode ser identificada desta forma, pois seria ambíguo se o último argumento pertenceria a `args` ou a `var2`. Por isso ela só pode ter valor atribuído se for utilizada a notação por palavra-chave. Note que a chamada `myfun(1, 2, 3, 4, 5)` geraria um erro pois não seria atribuído valor a `var2`.

Script Python executado:

```
def myfun(var1, *args, var2):
    print(f'var1 = {var1}')
    print(f'args = {args}')
    print(f'var2 = {var2}')


myfun(1, 2, 3, 4, var2=5)
```

Console Python:

```
var1 = 1
args = (2, 3, 4)
var2 = 5

Process finished with exit code 0
```

Figura 6.24: Função Python com argumentos obrigatórios antes e depois da variáveis com asterisco

Apesar de parecer uma restrição limitante, na verdade esta característica da linguagem permite alguns usos interessantes. Um deles é a reformulação da função `media_t`, implementada neste material, para que, se a média for aritmética, não seja preciso especificar seu tipo. A implementação é mostrada na Figura 6.25.

Com relação à implementação da função, a única diferença (sutil, porém essencial) entre a mostrada na Figura 6.22 e a mostrada na Figura 6.25 é apenas a primeira linha. Na Figura 6.22 a primeira linha da função possui os argumentos na ordem `media_t(tipo, *nums)`. Isso faz com que o primeiro parâmetro passado seja obrigatoriamente o valor da variável `tipo`. Já na Figura 6.25, a primeira linha da função possui os argumentos na ordem `media_t(*nums, tipo='a')`. Isso faz com que a variável `tipo`

Script Python executado:

```
from bib_ex33b import media_t

m1a = media_t(2, 8)
m2a = media_t(4)
m3a = media_t()
m4a = media_t(2, 8, 8)

m1g = media_t(2, 8, tipo='g')
m2g = media_t(4, tipo='g')
m3g = media_t(tipo='g')
m4g = media_t(2, 8, 8, tipo='g')

print(f'm1a = {m1a}')
print(f'm2a = {m2a}')
print(f'm3a = {m3a}')
print(f'm4a = {m4a}')
print(f'm1g = {m1g}')
print(f'm2g = {m2g}')
print(f'm3g = {m3g}')
print(f'm4g = {m4g}')
```

Console Python:

```
m1a = 5.0
m2a = 4.0
m3a = 0
m4a = 6.0
m1g = 4.0
m2g = 4.0
m3g = 0
m4g =
    5.039684199579492

Process finished
    with exit code 0
```

Figura 6.25: Reimplementação da função `media_t` em Python.

Arquivo: bib_ex33b.py

```
def media_t(*nums, tipo='a'):

    if len(nums) == 0:
        return 0

    if tipo == 'a':
        s = 0
        for el in nums:
            s += el
        return s/len(nums)
    elif tipo == 'g':
        s = 1
        for el in nums:
            s *= el
        return s ** (1/len(nums))
    else:
        raise ValueError(f'O tipo de média {tipo} não foi
implementado')
```

Figura 6.26: Funções Python utilizadas na Figura 6.25.

já tenha o valor padrão `'a'` e não precise ser informada a menos que seu valor desejado seja diferente deste.

Essa pequena alteração faz com que, caso seja passados apenas parâmetros sem palavra-chave, todos estes parâmetros serão alocados na variável `nums`. Além disso, caso a média desejada seja a aritmética, o usuário não precisa informar a variável `tipo`, apenas os dados da média. Inclusive, ele pode chamar a função sem nenhum parâmetro. Já se a média desejada for a geométrica, ao final do conjunto de dados o usuário terá que passar o valor da variável tipo, necessariamente, por palavra-chave.

Assim, no script da Figura 6.25, nas linhas 3 a 6 são feitas chamadas da função para o cálculo da média aritmética. Note que a chamada da função fica mais enxuta e elegante. Já nas linhas 8 a 11, passa-se primeiro o conjunto de dados e apenas ao final dos parâmetros o valor da variável `tipo` por palavra-chave, tornando muito claro que o tipo de média calculado não é o padrão.

No MATLAB® e no Scilab, a variável `varargin` (análoga da variável `*nums`, neste caso), deve sempre ficar ao final da chamada da função. Já no Python, a possibilidade da chamada de função utilizando palavras-chave abre a possibilidade de se acessar parâmetros que estejam após a variável com asterisco na chamada.

6.5.1 Exclusividade Python: Número Variável de Parâmetros por Palavra-Chave

Além de permitir uma quantidade variável de argumentos identificada por ordem (variável com asterisco), ele permite também um número variável de parâmetros passados por palavra-chave. Isso é feito utilizando uma variável iniciada por dois asteriscos seguidos ("**"). Isso faz com que o próprio Python exija um padrão para a criação de chamadas de funções, que segue o padrão a seguir:

```
def minhafuncao(a, b, c, x1=..., x2=..., *args, o1=...,
                o2=..., **kwargs)
```

Na chamada dessa função, os parâmetros `a`, `b`, `c`, `x1` e `x2` são o que se chama de argumentos posicionais. Isso significa que são identificados pela ordem em que são colocados na chamada da função. A diferença é que os parâmetros `a`, `b` e `c` precisam necessariamente ser informados, pois não possuem valor padrão. Já `x1` e `x2` podem ser omitidos, pois a eles já se atribuiu valores.

A questão é que, o número variável de valores atribuídos a `*args` só pode ser atribuído a esta variável de maneira posicional. Por isso, se é necessário passar valores que serão atribuídos a `*args`, então `a`, `b`, `c`, `x1` e `x2` precisam ser informados, e isso precisa ser feito de maneira posicional, e não por palavras-chave. Isso acontece porque nas chamadas de função em Python, todos os argumentos posicionais devem vir antes dos argumentos por palavras-chave.

Os argumentos `o1` e `o2` diferem de `x1` e `x2` pois não podem ser informados de maneira posicional. A única forma de informá-los é utilizando palavras-chave, após os argumentos posicionais. Além disso, eles já possuem valores padrão. Essas características tornam estes valores realmente opcionais.

Por fim, todos os argumentos por palavras-chave que não forem as variáveis já especificadas na função (no caso, `a`, `b`, `c`, `x1`, `x2`, `o1` e `o2`) ficarão armazenados na variável `kwargs`.

A lógica da sequência desses comandos é um pouco complexa. Por isso, recomenda-se que o leitor realize testes na linguagem Python para a melhor compreensão desta forma de funcionamento.

Uma observação muito importante a se fazer é a de que as funções não precisam ter todos os tipos de argumentos. A forma dos argumentos e sua ordem na chamada da função devem obedecer a critérios que levam a função à usabilidade desejada. O caso apresentado aqui foi um caso com vários tipos de variáveis diferentes para que o usuário pudesse ter uma boa visão do que pode ser feito. Contudo, deve-se sempre lembrar que, no momento do uso da função, deve-se sempre informar todos os argumentos posicionais e só depois os argumentos referenciados com palavras-chave.

Outra observação importante que deve ser feita é que a variável `kwargs` não é uma tupla, mas sim um tipo de dado em Python chamado de `dict`, ou seja, um "dicionário". Um dicionário Python é um tipo de dado no qual cada índice é na verdade uma chave (que pode ser uma string, uma letra, um número, etc.), e a cada chave é atribuído um valor. Por isso, o dicionário Python não é uma entidade ordenável e não aceita chaves repetidas. Porém, ele é uma entidade iterável.

Para que o leitor possa ter uma breve compreensão do que se pode fazer com um dicionário Python, criou-se um exemplo na Figura 6.27 no qual se cria e se manipula um dicionário.

Script Python executado:

```
from math import pi
meu_dic = dict()

print(meu_dic)

meu_dic['a'] = 100
meu_dic['b'] = 200
meu_dic['c'] = 300

print(meu_dic)

meu_dic['b'] = 0

print(meu_dic)

for el in meu_dic:
    print(f'{el} -> {meu_dic[el]}')

del(meu_dic['b'])

print(meu_dic)
```

Console Python:

```
{}
{'a': 100, 'b': 200, 'c': 300}
{'a': 100, 'b': 0, 'c': 300}
a -> 100
b -> 0
c -> 300
{'a': 100, 'c': 300}

Process finished with exit code 0
```

Figura 6.27: Criando e manipulando dicionários em Python.

Na linha 1 do script da Figura 6.27, a variável `meu_dic` recebe o valor retornado pela função `dict()`, nativa do Python. Este passo é necessário pois na variável `meu_dic` deve haver um dicionário para ser manipulado, e não um valor de qualquer tipo. Na linha 3 ele é impresso, e como está vazio esta impressão produz apenas a linha `{}` no console do Python.

Na linha 5, realiza-se uma indexação da variável `meu_dic` utilizando como índice a string `'a'`. Essa string é uma chave de dicionário. Uma vez que ela não existe no dicionário (pois até antes desta linha ele estava vazio), esta chave é criada no dicionário e a ela se atribui o valor 100. O mesmo acontece com `'b'` e `'c'`, chaves às quais se atribui os valores 200 e 300. Na linha 9 esse dicionário é impresso gerando a segunda linha do console, na qual os pares chave-calor são apresentados.

Na linha 11 do script, realiza-se uma nova indexação com a chave `'b'`. Como esta chave já existe, seu valor anterior que era de 200 é trocado pelo novo valor atribuído na linha 11, que é zero. Assim, quando o dicionário é reimpresso, na linha 13, esta impressão gera a terceira linha do console na qual o valor atribuído a `'b'` é zero. Com estes passos já é possível criar um dicionário, criar chaves nele e alterar o valor atribuído a cada chave.

Na linha 15 se realiza uma iteração no dicionário, de forma que se percorre os elementos de `meu_dic`, e se imprime tanto a chave quanto o valor atribuído àquela chave. Como a variável de iteração deste `for` é a variável `el`, imprimir esta variável resulta na impressão apenas da chave que está sendo lida no momento de iteração do laço. Para acessar o valor atribuído a esta chave, basta utilizar a indexação `meu_dic[el]`, como é feito na linha 16 do script. Este for gera as linhas de 4 a 6 do console Python.

Finalmente, para se remover uma chave de um dicionário, basta utilizar a função `del()`, nativa do Python, e usar como argumento a variável do dicionário indexada na chave que se deseja apagar. Neste caso, na linha 18 do script foi apagada a chave `'b'`. Por isso, a reimpressão do dicionário na linha 20 gera a sétima linha do console, na qual constam apenas as chaves `'a'` e `'c'` com seus respectivos valores.

Estas manipulações, feitas em um dicionário qualquer, podem também ser feitas na variável `kwargs` quando ela for utilizada em alguma função específica. Os valores atribuídos a uma chave não precisam ser todos do mesmo tipo. Cada um pode ser de um tipo. Eles também não precisam ser números. Podem ser qualquer tipo de dado. As chaves, como dito anteriormente, podem ser quase qualquer tipo de dado. Elas podem ser números (inteiros ou não, reais ou não), caracteres, strings ou tuplas, tipos que o Python chama de *hashable*. Existe uma definição técnica para isso, mas para facilitar a compreensão, dados desse tipo são imutáveis, ao contrário de listas, conjuntos e dicionários que são mutáveis. Dados imutáveis são bons candidatos para serem chaves de dicionário, enquanto os mutáveis não o são.

6.6 Funções com Número Variável de Argumentos de Saída

Em algumas situações pode ser interessante que uma função possua um comportamento no qual o número de saídas seja variável. Para isso, cria-se uma função chamada `percentil`, que recebe um número variável de entradas e retorna o mesmo número de variáveis de saída. Cada variável de saída é a respectiva variável de entrada (na mesma ordem) dividida pela soma de todas as variáveis.

A implementação desta função e alguns usos de caso são mostrados nas Figuras 6.28 e 6.29.

A implementação da função `percentil`, na Figura 6.29, possui na primeira linha as variáveis `varargin` e `varargout`. A variável `varargin` já foi explorada anteriormente. Já a `varargout` é uma `cell` que pode armazenar um número variável de saídas.

Pela implementação proposta para a função `percentil`, o número de saídas deve ser sempre igual ao número de entradas. No `for` das linhas 5 a 7 da implementação da função, na Figura 6.29, acumula-se a soma das variáveis de entrada na variável `s`. Após isso, na linha 9, aloca-se na variável `varargout` uma `cell` vazia de mesmo tamanho da `cell` da variável `varargin`. Se a função for chamada sem nenhum argumento, na variável `varargout` será alocada uma `cell` vazia, o que significa que a função não retornará nenhum valor.

Caso a função seja chamada com mais valores de entrada, a variável `varagout` possuirá a mesma quantidade de posições que o número de entradas informadas. Porém, isso ainda não significa que o número de valores retornados será o mesmo. Isso dependerá da forma que a função for chamada em seu uso.

No script mostrado na Figura 6.28, há quatro chamadas diferentes da função `percentil`. A chamada da linha 5 possui uma entrada, e está sendo chamada com uma variável de saída (`a`). A soma das entradas,

Script MATLAB® executado:

```
clear variables
close all
clc

a = percentil(10);
[b1, b2] = percentil(1, 2);
[c1, c2, c3] = percentil(1, 2, 1);
[d1, d2] = percentil(1, 2, 3, 4);
[e1, ~, e3] = percentil(1, 2, 3, 4);

fprintf('a = %f\n\n', a)
fprintf('b1 = %f\n', b1)
fprintf('b2 = %f\n\n',b2)
fprintf('c1 = %f\n', c1)
fprintf('c2 = %f\n', c2)
fprintf('c3 = %f\n\n',c3)
fprintf('d1 = %f\n', d1)
fprintf('d2 = %f\n\n',d2)
fprintf('e1 = %f\n', e1)
fprintf('e3 = %f\n', e3)
```

Console MATLAB®:

```
a = 1.000000

b1 = 0.333333
b2 = 0.666667

c1 = 0.250000
c2 = 0.500000
c3 = 0.250000

d1 = 0.100000
d2 = 0.200000

e1 = 0.100000
e3 = 0.300000
>>
```

Figura 6.28: Função com número variável de saídas em MATLAB®

Arquivo: `percentil.m`

```
function varargout = percentil(varargin)

s = 0;

for c1 = 1:nargin
    s = s + varargin{c1};
end

varargout = cell(size(varargin));

for c1 = 1:nargin
    varargout{c1} = varargin{c1}/s;
end
```

Figura 6.29: Funções MATLAB® utilizadas no script Figura 6.28

neste caso, é 10 e o valor da primeira entrada é 10, por isso o valor da saída (única, neste caso) é 1.

A chamada da linha 6 possui duas variáveis de entrada e duas de saída. Para realizar a chamada de uma função com mais de uma variável de saída, no MATLAB®, é necessário manter todas as variáveis de saída antes do sinal de igual, na chamada da função, entre colchetes quadrados ("`[`" e "`]`"), e separados por vírgulas simples. Como nesta linha há duas entradas, a função admite duas saídas. A soma das entradas é 3, portanto a primeira saída `b1` deve possuir o valor de 1/3 e a segunda de 2/3, conforme mostrado no console.

A terceira chamada, na linha 7, é análoga à segunda, porém com três argumentos de entrada e três de saída. Já a chamada na linha 8 possui 4 argumentos de entrada e dois de saída. Neste caso, a variável `varargout` possui 4 posições, mas apenas dois parâmetros de saída foram informados. Por isso, os dois primeiros valores de `varargout` serão atribuídos às variáveis `d1` e `d2`. As saídas de valor 0,3 e 0,4 (que seriam as duas últimas) foram ignoradas.

Pode haver um caso em que se deseje ignorar saídas que estejam fora da ordem definida na função, e isso é possível no MATLAB®. na chamada da linha 9, a função é chamada com 4 parâmetros de entrada mas apenas 3 de saída, então necessariamente a última saída é ignorada. Porém, no lugar onde deveria haver a variável que receberia o valor da segunda saída, há um sinal de til ("~"). Isto significa que esta saída foi ignorada, e o valor das variáveis `e1` e `e3` será de 0,1 e 0,3, respectivamente.

Ao se implementar o mesmo exemplo em Scilab, obtém-se o resultado mostrado nas Figuras 6.30 e 6.31.

Script Scilab executado:

```
clear
close(winsid())
clc

exec('bib_ex36.sce');

a = percentil(10);
[b1, b2] = percentil(1, 2);
[c1, c2, c3] = percentil(1, 2, 1);
[d1, d2] = percentil(1, 2, 3, 4);
[e1, _, e3] = percentil(1, 2, 3, 4);

mprintf('a = %f\n\n', a)
mprintf('b1 = %f\n',  b1)
mprintf('b2 = %f\n\n',b2)
mprintf('c1 = %f\n',  c1)
mprintf('c2 = %f\n',  c2)
mprintf('c3 = %f\n\n',c3)
mprintf('d1 = %f\n',  d1)
mprintf('d2 = %f\n\n',d2)
mprintf('e1 = %f\n',  e1)
mprintf('e3 = %f\n',  e3)
```

Console Scilab:

```
a = 1.000000

b1 = 0.333333
b2 = 0.666667

c1 = 0.250000
c2 = 0.500000
c3 = 0.250000

d1 = 0.100000
d2 = 0.200000

e1 = 0.100000
e3 = 0.300000
```

Figura 6.30: Função com número variável de saídas em Scilab

Apesar das grandes semelhanças com o código MATLAB®, o código Scilab possui algumas particularidades que devem ser mencionadas. A primeira delas é que as variáveis `varargin` e `varargout` não são `cells`

Arquivo: `bib_ex36.sce`

```
function varargout = percentil(varargin)

    s = 0;

    for c1 = 1:nargin
        s = s + varargin(c1);
    end

    varargout = list(size(varargin));

    for c1 = 1:nargin
        varargout(c1) = varargin(c1)/s;
    end

endfunction
```

Figura 6.31: Funções Scilab utilizadas na Figura 6.30.

em Scilab, mas sim listas. Por isso a indexação é feita com parênteses (e não chaves) e na linha 9 da implementação da função se cria uma lista do tamanho da variável `varargin`, e não uma `cell`. Para isso se usa a função `list`.

Outra diferença importante é que, para se ignorar uma variável se saída se usa o caractere *underscore* ("_"), conforme a linha 11 do script da Figura 6.30, e não o caractere til. No restante, a funcionalidade é idêntica.

Na linguagem Python, a implementação da função `percentil`, conforme mostrada na Figura 6.33 é um pouco diferente, pois a estratégia de retorno de valores é diferente.

Se houver apenas uma entrada passada para a função, o valor de resposta deverá ser a primeira entrada dividida pela soma das entradas, o que neste caso, se a entrada não for zero, a resposta sempre será 1. Assim, caso haja apenas uma entrada, escolhe-se por retornar o valor 1 diretamente (o leitor pode optar por melhorar esta função).

Caso haja mais de uma entrada, deve-se primeiramente acumular o valor de todas as entradas na variável `s`, conforme é feito no `for` da linha 7 da implementação da função `percentil_a` na Figura 6.33. Depois disso, deve-se retornar tantas saídas quantas forem as entradas da função, e cada saída deverá ter o valor da respectiva entrada. Assim, na linha 10, cria-se uma lista de saídas, e no `for` da linha 12, adiciona-se a essa lista os elementos de `args` divididos por sua soma. Na linha 15 se converte esta lista em tupla (pois é necessário retornar uma tupla), e a tupla é retornada.

A tupla conterá duas ou mais saídas, que são atribuídas às variáveis de saída através do *unpacking*, já explorado anteriormente. Para relembrar, em uma linha como a 5 do script da Figura 6.32, a função retornará três valores de saída na forma de uma tupla com 3 valores. Cada valor da tupla será atribuído a uma variável (`c1`, `c2` e `c3`, respectivamente), e esta operação é chamada de *unpacking*.

Não é possível ignorar valores de saída de forma implícita, como no MATLAB® ou no Scilab. Se a função retorna 4 valores, como nas linhas 6 e 7 do script, por exemplo, então devem ser representadas as 4 saídas, e as saídas a serem ignoradas são ignoradas explicitamente através do operador *underscore* ("_").

No exemplo apresentado nas Figuras 6.32 e 6.33, escolheu-se por fazer duas implementações da função `percentil`. A função `percentil_a` possui

Script Python executado:

```
from bib_ex36 import percentil_a as percentil

a = percentil(10)
b1, b2 = percentil(1, 2)
c1, c2, c3 = percentil(1, 2, 1)
d1, d2, _, _ = percentil(1, 2, 3, 4)
e1, _, e3, _ = percentil(1, 2, 3, 4)

print(f'a = {a}\n', f'b1 = {b1}\n', f'b2 = {b2}')
print(f'c1 = {c1}\n', f'c2 = {c2}\n', f'c3 = {c3}')
print(f'd1 = {d1}\n', f'd2 = {d2}\n', f'e1 = {e1}')
print(f'e3 = {e3}')
```

Console Python:

```
a = 1
 b1 = 0.3333333333
 b2 = 0.6666666666
c1 = 0.25
 c2 = 0.5
 c3 = 0.25
d1 = 0.1
 d2 = 0.2
 e1 = 0.1
e3 = 0.3

Process finished with exit code 0
```

Figura 6.32: Função com número variável de saídas em Python

Arquivo: bib_ex36.py

```
def percentil_a(*args):
    if len(args) == 1:
        return 1

    s = 0

    for el in args:
        s += el

    saidas = list()

    for el in args:
        saidas.append(el/s)

    return tuple(saidas)


def percentil_b(*args):
    return 1 if len(args) == 1 else tuple(x/sum(args) for
     x in args)
```

Figura 6.33: Funções Python utilizadas na Figura 6.32

uma implementação mais longa e simples, na qual o código é executado em etapas. Porém, para mostrar o poder da linguagem Python, escolheu-se reimplementar a função na forma `percentil_b`, que faz exatamente os mesmos cálculos utilizando apenas uma linha. A linha única da função é descrita por:

```
return 1 if len(args) == 1 else tuple(x/sum(args) for x in args)
```

Esta expressão utiliza vários atalhos do Python que se escolheu mencionar por curiosidade.

A primeira parte desta expressão utiliza a forma curta de um `if-else`. Imagina-se um caso em que se deseja que `y` receba o valor `a` se `x == 1`, ou `b` em qualquer outro caso. Isso pode ser feito, em Python, através da linha:

```
y = a if x == 1 else b
```

Nesta expressão, o valor de `y` será de `a` se `x == 1` ou `b` caso contrário.

Na segunda etapa da linha única da função `percentil_b`, dentro da função `tuple` utiliza-se uma expressão em Python chamada de expressão geradora. A expressão geradora pode ser lida como uma regra de geração de listas, tuplas ou outros tipos de dados Python. No caso, a expressão geradora é:

```
x/sum(args) for x in args
```

Ou seja, para cada elemento `x` na tupla `args` será gerado um elemento `x/sum(args)`, ou seja, um elemento cujo valor é o respectivo elemento em `args` dividido pela soma dos elementos de `args`.

Esta implementação alternativa é mostrada para que se incentive o leitor a explorar as funcionalidades do Python para a geração de códigos.

6.7 Funções com Argumentos Fixos e Variáveis de Saída

No exemplo apresentado nas Figuras 6.28 a 6.33, a função `percentil` poderia retornar um número variável de saídas, que seria igual ao número de entradas. Neste caso, se a função fosse chamada sem entradas, o número de saídas também seria zero. Obviamente, esta foi a estratégia escolhida, e poderia ser outra diferente.

A questão é que esta estratégia pode ser escolhida, principalmente no MATLAB® e no Scilab, com base no número de saídas. Além disso, pode-se deixar algumas saídas como obrigatórias e outras como opcionais. Mostra-se a seguir como implementar esta estratégia.

Para isso se propõe uma função chamada `estatistica`, que recebe um vetor de dados e retorna, em caso de apenas uma saída, a média dos dados, e no caso de duas saídas, a média e o desvio padrão do conjunto. A implementação em MATLAB® é mostrada nas Figuras 6.34 e 6.35.

Script MATLAB® executado:

```
clear variables
close all
clc

v = [1 3 2 5 -4 -6 3];

m1 = estatistica(v);
[m2, dp2] = estatistica(v);

fprintf('m1 = %f\n',m1)
fprintf('m2 = %f\n',m2)
fprintf('dp2 = %f\n',dp2)
```

Console MATLAB®:

```
m1 = 0.571429
m2 = 0.571429
dp2 = 3.736199
>>
```

Figura 6.34: Função com número fixo e variável de saídas em MATLAB®

Na implementação da função, na Figura 6.35, a linha 1, na qual é definida a chamada da função, possui dois argumentos de saída, a variável `m` e a variável `varargout`. A variável `varargout` deve sempre ser a última variável de saída da chamada.

Este tipo de declaração de argumentos de saída torna obrigatório o cálculo do parâmetro `m`, enquanto todos os parâmetros que possam estar em `varargout` são opcionais. Das linhas 3 à 9, calcula-se a média dos elementos do vetor `x` de maneira simples (apesar de o MATLAB® disponibilizar a função `mean` que o faz automaticamente).

Já na linha 11, realiza-se um teste com a variável `nargout`. Esta va-

Arquivo: estatistica.m

```
function [m, varargout] = estatistica(x)

s = 0;

for c1 = 1:length(x)
    s = s + x(c1);
end

m = s/length(x);

if nargout == 2
    s = 0;
    for c1 = 1:length(x)
        s = s + (x(c1)-m)^2;
    end
    varargout{1} = sqrt(s/length(x));
end
```

Figura 6.35: Função MATLAB® utilizada na Figura 6.34.

riável retornará o número de parâmetros de retorno que o usuário utilizou no momento da chamada da função. Assim, se esta variável for igual a dois, o usuário chamou a função com dois parâmetros de saída, e por isso se deve também calcular o desvio padrão do vetor `x` e salvá-lo na primeira posição da `cell varargout`. Das linhas 12 a 17 se calcula o desvio padrão de forma simples (apesar de o MATLAB® disponibilizar a função `std` para esta finalidade).

A realização do teste utilizando a variável `nargout` é uma boa prática, mas não é obrigatória. Se o desvio padrão fosse simplesmente calculado e inserido na primeira posição da variável `varargout`, ele só seria retornado ao usuário se este chamasse a função `estatistica` com dois parâmetros de saída. Caso contrário, apenas o valor `m` seria retornado. Porém, ao se realizar o teste, garante-se que so será realizado o cálculo do desvio padrão nos casos em que ele deve ser retornado. Isso economiza muito processamento nos casos em que se deseja apenas calcular a média dos dados (utilizando apenas um parâmetro de saída).

O mesmo exemplo é implementado em Scilab, e mostrado nas Figuras 6.36 e 6.37.

Script Scilab executado:

```
clear
close(winsid())
clc

exec('bib_ex37.sce');

v = [1 3 2 5 -4 -6 3];

m1 = estatistica(v);
[m2, dp2] = estatistica(v);

mprintf('m1 = %f\n',m1)
mprintf('m2 = %f\n',m2)
mprintf('dp2 = %f\n',dp2)
```

Console Scilab:

```
m1 = 0.571429
m2 = 0.571429
dp2 = 3.736199
```

Figura 6.36: Função com número fixo e variável de saídas em Scilab

Arquivo: bib_ex37.sce

```
function [m, varargout] = estatistica(x)

    s = 0

    for c1 = 1:length(x)
        s = s + x(c1)
    end

    m = s/length(x)

    if nargout == 2
        s = 0;
        for c1 = 1:length(x)
            s = s + (x(c1)-m)^2
        end
        varargout(1) = sqrt(s/length(x))
    end

endfunction
```

Figura 6.37: Função Scilab utilizada no script da figura Figura 6.36.

O funcionamento da função e das variáveis `varargout` e `nargout` é exatamente o mesmo do MATLAB®. Neste caso nã há grandes diferenças entre as implementações nas duas linguagens.

Já no Python, não é possível saber quantas foram as variáveis utilizadas na chamada da função. A quantidade de argumentos de saída é definida no momento da chamada do comando `return`. Pode-se contudo realizar uma estratégia parecida utilizando um argumento adicional de entrada com valor padrão. A proposta é implementada nas Figuras 6.38 e 6.39.

Script Python executado:

```
from bib_ex37 import estatistica

v = [1, 3, 2, 5, -4, -6, 3]

m1 = estatistica(v)
[m2, dp2] = estatistica(v, tipo='dp')

print(f'm1 = {m1}')
print(f'm2 = {m2}')
print(f'dp2 = {dp2}')
```

Console Python:

```
m1 = 0.5714285714285714
m2 = 0.5714285714285714
dp2 = 3.736199094463434

Process finished with exit code 0
```

Figura 6.38: Uso de proposta de função `estatistica` em Python

Nota-se que o número de variáveis de saída não é definido na linha de declaração da função. Portanto, o número de saídas será sempre variável e dependerá exclusivamente da implementação da função. Nas linhas 5 a 9 da implementação da função na Figura 6.39, calcula-se a média de

Arquivo: bib_ex37.py

```
from math import sqrt


def estatistica(v, tipo='m'):
    s = 0
    for el in v:
        s += el

    m = s/len(v)

    if tipo == 'm':
        return m
    elif tipo == 'dp':
        s = 0
        for el in v:
            s += (el - m) ** 2

        dp = sqrt(s/len(v))
        return m, dp
    else:
        raise ValueError('Tipo desconhecido')
```

Figura 6.39: Proposta de função `estatistica` em Python utilizada em Figura 6.38

maneira simples. Na linha 11 é executado um teste para verificar o valor da variável `tipo`. Se o valor for o padrão `'m'`, então se deve retornar o valor da média e nada mais. Já se o `tipo` for igual a `'dp'`, então se deve calcular o desvio padrão e retornar a média e o desvio padrão, conforme as linhas 14 a 19. Um `else` é inserido para gerar um erro em caso de o usuário informar outro tipo de cálculo não implementado.

É importante notar que no Python foi necessário utilizar uma entrada auxiliar para melhor definir a estratégia da quantidade de saídas a retornar. O uso de uma variável com valor padrão possibilitou mantê-la oculta na chamada da função, ao menos para o caso da média simples. Porém, é necessário explicitá-la para o caso da média com desvio padrão.

Capítulo 7

Plotando Gráficos

Uma das grandes diferenças da programação convencional para a científica é que, na programação científica, é comumente necessário gerar gráficos de diversos tipos. O MATLAB®, o Scilab e o Python permitem que se crie diversos tipos de gráficos. Neste capítulo, serão explorados os principais tipos.

Porém, antes disso, é necessário explorar a forma com que se representa dados "plotáveis", e isso é feito na sessão a seguir.

7.1 Criando Vetores de Dados para Gráficos 2D

Gráficos bidimensionais são muito utilizados para representar diversos resultados. Nesses gráficos se pode representar os dados como barras, nuvens de pontos ou curvas. Em qualquer um desses casos, representa-se sempre os dados especificamente como pontos.

Para realizar esta representação utiliza-se vetores. No caso do MATLAB® e do Scilab, em alguns casos é necessário utilizar vetores linha ou coluna especificamente. Já no Python, pode-se utilizar vetores unidimensionais ou bidimensionais, a depender da aplicação.

Mas o mais importante desta seção é que o leitor compreenda como são representados os conjuntos de pontos a serem representados de forma geral. Como são pontos de duas coordenadas (x, y), representa-se este conjunto de pontos através de dois vetores de mesmo comprimento, um com todos os valores das coordenadas x dos pontos e outro com os valores das coordenadas y. Um ponto (x, y) é representado pelo mesmo índice nos dois vetores. Ou seja, se o i-ésimo ponto for chamado de (x_i, y_i), então os vetores para se representar os dados são da forma:

$$\begin{aligned} \{X\} &= \{x_1\,, \;\; x_2, \;\; x_3, \;\; \cdots, \;\; x_{n-1}, \;\; x_n\} \\ \{Y\} &= \{y_1\,, \;\; y_2, \;\; y_3, \;\; \cdots, \;\; y_{n-1}, \;\; y_n\} \end{aligned}$$

7.2 Criando Gráficos de Linha Simples

Gráficos de linha são gráficos representados por um conjunto de pontos. Estes pontos são conectados entre si através de linhas retas para a representação aproximada das curvas representadas por estes pontos.

Para criar este gráfico no MATLAB®, utiliza-se a função `plot`. Esta função possui vários argumentos não obrigatórios, tanto de entrada quanto de saída, que permitem o controle e ajuste de todas as configurações necessárias para que o gráfico seja exibido da maneira desejada.

Há algumas formas de se alterar os parâmetros de um gráfico, algumas relativas a comandos mais antigos da linguagem, e outras relativas a comandos ou formas mais recentes. Busca-se explorar estas formas nos exemplos a seguir.

Para ilustrar um caso corriqueiro da exibição de um gráfico, cria-se um exemplo no qual será exibido o gráfico da curva:

$$y(t) = 10\, e^{0{,}4\, t} \sin\left(2\pi t + 0{,}3\right)$$

No script mostrado na Figura 7.1, nas linhas 5 e 6 são criados os vetores de tempo (`t`) e de dados (`y`) para representar a curva a ser plotada. Depois disso se inicia o processo de representação de gráficos no MATLAB®, e é preciso compreender tudo o que acontece na plataforma para se entender a sequência de comandos.

O primeiro comando, na linha 8, é o `figure`, que cria uma janela na qual o gráfico será representado. O argumento de retorno desta função é facultativo, ou seja, pode-se utilizá-la sem obter sua saída. Porém, a saída deste comando é o que o MATLAB® chama de *handle* da janela, ou seja, quando for necessário alterar algum parâmetro da janela, pode-se fazer uso do valor armazenado nesta variável.

Depois disso, na linha 9 é utilizado o comando `plot`. O primeiro parâmetro é o vetor que representa a coordenada x de cada ponto, e o segundo é o vetor que representa a coordenada y dos pontos. Quando o comando `plot` é invocado, se não houver nenhuma janela do tipo `figure` aberta,

Script MATLAB® executado:

```
clear variables
close all
clc

t = linspace(0,10,1000);
y = 10*exp(-0.4*t).*sin(2*pi*t+0.3);

hf = figure;
hc = plot(t,y);
ha = hc.Parent;

% Configuracoes da Janela
hf.Color = [1 1 1];

% Configuracoes da Curva
hc.LineWidth = 2;
hc.Color = [0 0 1];

% Configuracoes dos Eixos
ha.XLim = [0 10];
ha.YLim = [-12 12];
ha.XLabel.String = 'Tempo [s]';
ha.YLabel.String = 'Amplitude';
ha.Title.String = 'Meu Exemplo';
ha.XGrid = 'on';
ha.YGrid = 'on';
ha.FontSize = 14;
```

Figura 7.1: Plotando um gráfico simples com o MATLAB® na forma moderna.

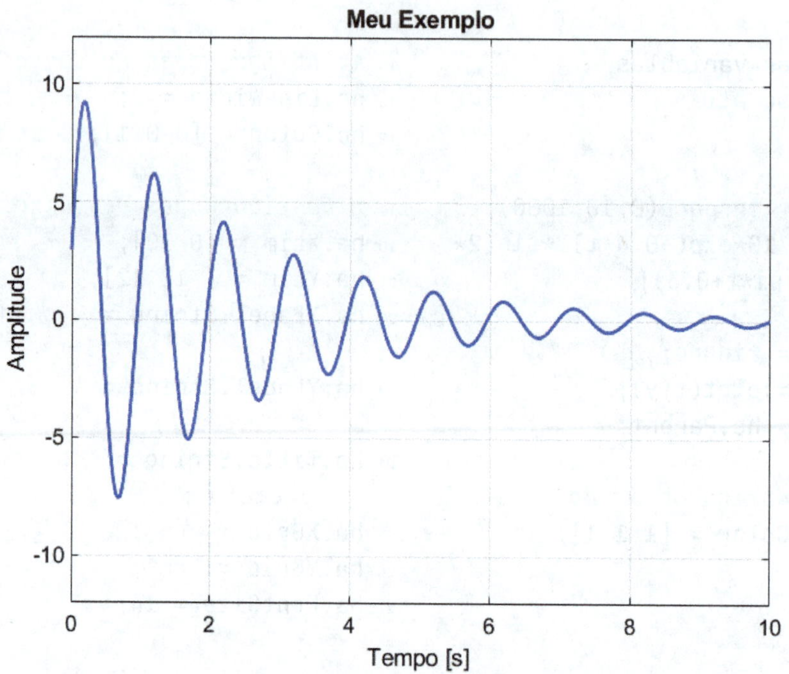

Figura 7.2: Gráfico resultante do código na Figura 7.1.

o MATLAB® cria uma e guarda seu *handle* em uma variável chamada `gcf` (de *get current figure*). Já se houverem janelas deste tipo abertas, a variável `gcf` possuirá o *handle* da última que foi aberta.

Na janela cujo *handle* está em `gcf`, o MATLAB® criará um objeto que representa os eixos do gráfico, chamado `Axis` e armazenará o valor de seu *handle* na variável `gca` (de *get current axis*). Então, o comando `plot` representará o gráfico nos eixos cujo *handle* está armazenado em `gca`.

Tanto a janela (`figure`), quanto os eixos (`Axis`), quanto as curvas (chamadas de `Line Object`), são membros de uma estrutura de dados de gráficos do MATLAB®. Por isso, todos eles possuem um campo chamado de `Parent`, que indica qual é o objeto "pai" daquele objeto (ex: um eixo é pai de uma curva representada naquele eixo). Eles também possuem um campo chamado `Children`, no qual se armazena um vetor de *handles* de objetos gráficos "filhos" daquele objeto (ex: um eixo pode ter múltiplas curvas "filhas" representadas no mesmo gráfico).

Desta forma, para se obter o *handle* dos eixos utilizados no `plot` da linha 9, pode-se acessar o elemento pai da curva (`hc.Parent`). Alternativamente, se poderia utilizar (como nas sintaxes mais antigas) o comando `gca`.

Uma vez que se possui os *handles* para a figura, para os eixos e para a curva, é possível ajustar todos os parâmetros conforme o desejado. Se nenhum dos parâmetros for ajustado, o MATLAB® já possui valores padrão para cada parâmetro, e uma proposta de gráfico será criada. Contudo, quanto mais parâmetros forem configurados, maior será o nível de personalização do diagrama.

Para as configurações da janela, escolheu-se, na linha 13, armazenar no parâmetro `Color` o valor `[1 1 1]`. O parâmetro `Color` de uma figura se refere à cor do seu fundo. Uma cor no MATLAB® é representada por um vetor de três coordenadas com valores de 0 a 1. Cada valor, da esquerda para a direita, são os níveis de vermelho, verde e azul (padrão *rgb*), respectivamente. O nível 0 representa ausência total da cor, enquanto que o nível 1 é o nível máximo desta cor. Assim, o padrão `[1 1 1]` representa a cor branca.

Com relação às configurações da curva, na linha 16 utiliza-se o parâmetro `LineWidth` com o valor 2. Este parâmetro representa a espessura da linha do gráfico. O padrão é o valor 1, mas muitas vezes uma linha muito fina pode ser difícil de se ler. Por isso, decidiu-se aumentar esta espessura. Já na linha 17, o parâmetro `Color` recebeu o valor `[0 0 1]`, o que representa que a cor da linha será azul.

As configurações dos eixos são as mais numerosas, e são muito úteis para diversos gráficos. Nas linhas 20 e 21 da Figura 7.1, configura-se os parâmetros `XLim` e `YLim`, que definem os limites dos eixos x e y. Cada um destes parâmetros deve receber um vetor de duas posições, sendo que, a primeira deve conter o valor mínimo para o eixo e a segunda deve conter o valor máximo.

Outros parâmetros muito importantes a se definir em eixos são os títulos de cada eixo e o título do gráfico como um todo. Isto é feito nas linhas 22, 23 e 24. Nas linhas 22 e 23 são definidos os títulos dos eixos x e y através dos parâmetros `XLabel.String` e `YLabel.String`, respectivamente. Os valores a se informar são strings simples. Já o título geral é definido pelo parâmetro `Title.String`, o qual também recebe uma string simples.

Também é possível fazer com que o gráfico possua linhas de referência, que são as linhas cinza-claras mostradas na Figura 7.2. Estas linhas são muito úteis para a leitura visual do gráfico, e recomenda-se utilizá-las sempre que possível. O MATLAB® permite que as linhas de referência horizontais e verticais sejam habilitadas separadamente. Isso é feito nas linhas 25 e 26, onde os parâmetros `XGrid` e `YGrid` recebem a string `'on'`. Para desabilitar estas linhas, estes parâmetros devem receber o valor `'off'`.

Por último, altera-se o tamanho da fonte do gráfico como um todo, na linha 27. Quando se altera o tamanho da fonte desta forma, altera-se o tamanho da fonte dos títulos dos eixos, do título geral do gráfico e também dos números (valores) dos eixos. Isso é feito atribuindo um valor numérico ao parâmetro `FontSize`.

É importante que o leitor compreenda que no exemplo das Figuras 7.1 e 7.2 foram feitas configurações básicas de um gráfico. Há diversas outras configurações que podem ser feitas, e estas configurações são os parâmetros de cada um dos *handles* de janela, eixo e curva. Estas propriedades podem ser exploradas no próprio console do MATLAB® ou através da documentação apresentada na ajuda (*help*) do programa.

Outro ponto importante é que a sintaxe utilizada no exemplo da Figura 7.1 é a sintaxe mais moderna do MATLAB®, voltada ao paradigma de orientação a objetos. De maneira muito simplificada, a curva, os eixos e a janela são *objetos*, e cada objeto possui propriedades, na forma de parâmetros. Quando se realiza um comando como `hc.LineWidth = 2`, a ideia é que o parâmetro `LineWidth` do objeto `hc` (que é uma curva) recebe o valor 2. Quando o MATLAB® for desenhar a curva na tela, ele utilizará o valor guardado neste parâmetro.

Na sintaxe mais antiga, contudo, a orientação a objetos não era explícita. O mesmo exemplo das Figuras 7.1 e 7.2 é implementado na sintaxe anterior e mostrado na Figura 7.3.

Script MATLAB® executado:

```
clear variables
close all
clc

t = linspace(0,10,1000);
y = 10*exp(-0.4*t).*sin(2*pi*t+0.3);

figure('color',[1 1 1])
plot(t,y,'color',[0 0 1],'linewidth',2)
xlim([0 10])
ylim([-12 12])
xlabel('Tempo [s]')
ylabel('Amplitude')
title('Meu Exemplo')
grid on
set(gca,'fontsize',14)
```

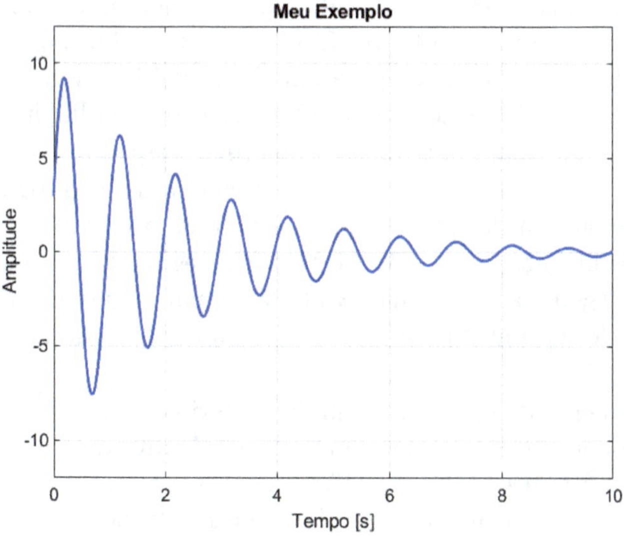

Figura 7.3: Plotando um gráfico simples com o MATLAB® na sintaxe mais antiga.

Neste caso, a função `figure` é chamada de uma forma em que os parâmetros da figura são passados em forma de pares nome-valor. Assim, o primeiro parâmetro é uma string com o nome do parâmetro a ser alterado, e o valor seguinte é o valor do parâmetro a ser atribuído. No caso, na linha 8, criou-se uma janela com fundo branco.

A função `plot`, chamada na linha 9, recebe dois argumentos posicionais, que são os vetores que representam as coordenadas x e y dos pontos a se representar. Depois disso, uma das formas de se utilizar esta função é passando os pares nome-valor, como na função `figure`. Assim, na linha 9, além de passar os pontos a serem plotados, já se informou ao MATLAB® que a curva deve possuir a cor azul (`'color', [0 0 1]`) e que sua espessura deve ser 2 (`'linewidth', 2`).

Nas linhas 10 e 11 se define os limites de cada eixo utilizando as funções `xlim` e `ylim`. Note que não há mera menção ao objeto de eixo que recebe os valores dos limites. Contudo, internamente, esta função acessa a variável `gca` para ter acesso ao eixo e com isso faz as alterações necessárias. O mesmo acontece nas linhas 12 a 14, com as funções `xlabel`, `ylabel` e `title`. O comando `grid on` também faz uso da variável `gca` e ativa as linhas de grade em x e y, simultaneamente.

Por fim, para se alterar o tamanho da fonte dos eixos como um todo, deve-se utilizar a função `set` do MATLAB®. Esta função recebe como primeiro argumento um *handle* para um objeto gráfico e em seguida pares nome-valor para a alteração direta de parâmetros. Na linha 16 altera-se o parâmetro `'fontsize'` dos eixos atuais (`gca`) para 14.

Algo que se nota diretamente é que a sintaxe mais antiga do MATLAB® é mais enxuta do que a moderna, voltada à orientação a objetos. Contudo, nos últimos anos o MATLAB® tem seguido a tendência de tornar sua linguagem cada vez mais voltada ao paradigma de orientação a objetos, e pode ser que, em versões futuras, a sintaxe antiga seja descontinuada.

Diferentemente de todos os exemplos anteriores, na questão de representação de dados, o Scilab adota uma estratégia própria que se diferencia muito do que é apresentado no MATLAB®. O mesmo exemplo das Figuras 7.1 a 7.3 é implementado no Scilab e mostrado nas Figuras 7.4 e 7.5.

Nas linhas 5 e 6 do script da Figura 7.4 se cria os vetores de dados `t` e `y`, que representarão as coordenadas x e y dos pontos a serem representados. A única grande diferença com relação ao MATLAB® neste ponto é que a

Script Scilab executado:

```
clear
close(winsid())
clc

t = linspace(0,10,1000)
y = 10*exp(-0.4*t).*sin(2*%pi*t+0.3)

hf = figure()
hc = plot(t,y)
ha = gca()

// Configuracoes da Janela
hf.background = 8

// Configuracoes da Curva
hc.thickness = 2
hc.foreground = 2

// Configuracoes dos Eixos
ha.data_bounds = [ 0 -12
                  10  12]
ha.x_label.text = 'Tempo [s]'
ha.y_label.text = 'Amplitude'
ha.title.text = 'Meu Exemplo'
ha.grid = [1 1]
ha.x_label.font_size = 3
ha.y_label.font_size = 3
ha.title.font_size = 3
ha.font_size = 3
```

Figura 7.4: Plotando um gráfico simples com o Scilab

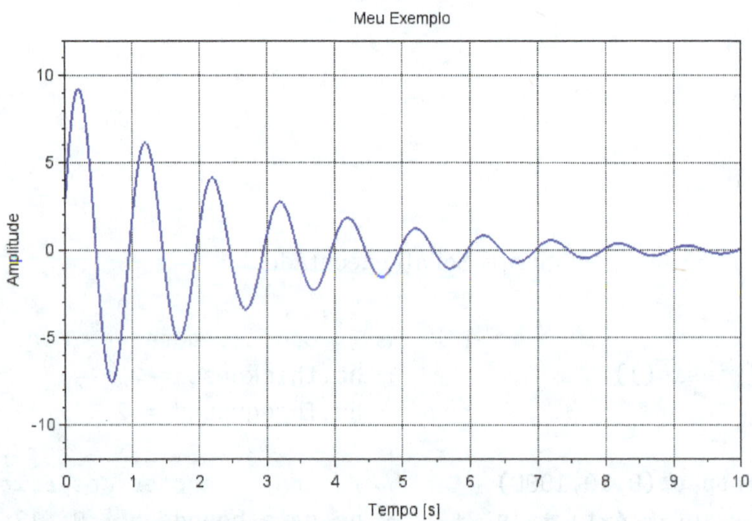

Figura 7.5: Gráfico gerado com o script da Figura 7.4

constante π é representada por `%pi` no Scilab, enquanto no MATLAB® a representação é apenas por `pi`.

Na linha 8, ao se invocar o comando `figure()` é necessário fazê-lo com os parênteses vazios ao final. Caso contrário, o Scilab entenderá que a função `figure` está sendo armazenada na variável `hf` e não o *handle* para uma figura criada. No MATLAB® isso não é necessário.

O funcionamento da função `plot`, chamada na linha 9 é similar ao do MATLAB®, inclusive nas questões de criação de janela e eixos e "atribuição" de *handle* de janela à "variável" `gcf` e *handle* de eixos à "variável" `gca`. As palavras "atribuição" e "variável" estão em sentidos figurados pois, na verdade, no Scilab, os comandos `gcf` e `gca` são funções e não variáveis. Por isso, devem ser sempre chamados com os parênteses vazios, ao final, como o feito na linha 10.

Nas linha 8, 9 e 10, a abordagem foi muito parecida com o que foi feito na Figura 7.1, onde se armazenou em variáveis os *handles* para janela, curva e eixo. Contudo, a dinâmica deste ponto em diante muda muito em relação ao MATLAB®. Isso acontece pois o esquema gráfico do Scilab funciona de forma muito particular.

Quando é criada a janela com o comando `figure()`, na linha 8, esta janela possui internamente uma variável chamada de `color_map`. Esta variável é uma matriz de 33 linhas e 3 colunas. Em cada uma das linhas fica armazenada uma cor padrão, que é um vetor linha de 3 colunas com valores de 0 a 1 no padrão *rgb*. As cores de tudo o que será representado nesta janela são índices linha desta matriz 33×3.

Assim, na linha 13 do script da Figura 7.4, atribui-se o valor 8 ao parâmetro `background` da janela. Isso quer dizer que a cor de fundo da janela será a cor armazenada na linha 8 do `color_map` da janela cujo *handle* é `hf`. Para ilustrar este ponto, na Figura 7.6 se cria uma figura e se imprime no console o valor da oitava linha do `color_map` daquela figura. O resultado é `[1 1 1]`, o que representa a cor branca.

Script Scilab executado:

```
clear
close(winsid())
clc

hf = figure()

mprintf('Tamanho do color_map:')
disp(size(hf.color_map))
mprintf('\n')
mprintf('Linha 8 do color_map:')
disp(hf.color_map(8,:))
```

Console Scilab:

```
Tamanho do color_map:
   33.   3.

Linha 8 do color_map:
   1.   1.   1.
```

Figura 7.6: Acessando `color_map` de janela do Scilab.

Na linha 16 do script da Figura 7.4 se atribui o valor 2 ao parâmetro `thickness` da curva, que é referente à espessura da linha que será utilizada para desenhar a curva. Já o parâmetro `foreground`, da curva, refere-se à cor na qual a curva será desenhada. O valor é 2 pois, no `color_map` da janela, o valor armazenado na segunda linha é o valor `[0 0 1]`, que representa a cor azul.

Na linha 20 do script se atribui um valor matricial a uma variável chamada `data_bounds`, dos eixos. Esta variável guarda os limites de cada eixo do gráfico nas respectivas colunas. A primeira coluna guarda os limites do eixo x, que no caso são 0, para o mínimo, e 10, para o máximo. Já para o eixo y, os limites mínimo e máximo são -12 e 12, respectivamente.

Ainda nos eixos, os títulos do eixo x, do eixo y e do gráficos em geral são o campo `text` das variáveis `x_label`, `y_label` e `title` dos eixos, respectivamente, conforme as linhas 22 a 24. Estas variáveis também possuem o campo `font_size`, que deve ser valores atribuídos para cada campo separadamente, conforme as linhas 26 a 28. O tamanho da fonte não segue o padrão da maioria dos editores de texto. No caso, o tamanho 3 fornece o resultado mostrado na Figura 7.5.

Na linha 25, atribui-se um valor vetorial à variável `grid` dos eixos, que controla as linhas de grade do gráfico. Cada coluna se refere a um eixo. O valor `-1` desabilita as linhas de grade no eixo e o valor 1 as habilita. A primeira coluna se refere ao eixo x e a segunda ao eixo y.

Por fim, na linha 29, o parâmetro `font_size` dos eixos se refere ao tamanho dos algarismos em cada eixo. Como nos casos anteriores, o tamanho da fonte não segue o padrão da maioria dos editores de texto, e o valor 3 fornece o efeito mostrado na Figura 7.5.

O mesmo exemplo pode ser, finalmente, implementado em Python. A implementação proposta neste material é mostrada nas Figuras 7.7 e 7.8.

Para realizar a implementação em Python, é necessário utilizar os pacotes `numpy`, para a realização dos cálculos, e `matplotlib.pyplot` para de fato criar o gráfico.

O pacote `matplotlib.pyplot` possui alguns parâmetros (chamados de estáticos no paradigma de orientação a objetos), que são utilizados toda vez que se plota um gráfico. Na linha 5 da Figura 7.7, altera-se um destes parâmetros, que é o `font.size`. Alterar este parâmetro no início do código é fundamental, pois todos os elementos de texto criados após este ponto já terão a fonte no tamanho desejado.

Nas linhas 7 e 8 se utiliza a biblioteca `numpy` para a criação dos vetores de dados (neste caso, unidimensionais).

Na linha 10 é criada a janela na qual será desenhado o gráfico. É

Script Python executado:

```
import numpy as np
import matplotlib.pyplot as plt

# Ajustando a fonte antes de começar
plt.rcParams.update({'font.size': 14})

t = np.linspace(0, 10, 1000)
y = 10*np.exp(-0.4*t)*np.sin(2*np.pi*t+0.3)

hf = plt.figure()
hc = plt.plot(t, y)
ha = plt.gca()

# Parâmetros da janela
hf.set_facecolor('white')

# Parâmetros da curva
hc[0].set_linewidth(2)
hc[0].set_color([0, 0, 1])

# Parâmetros dos eixos
ha.set_xlim([0, 10])
ha.set_ylim([-12, 12])
ha.set_xlabel('Tempo [s]')
ha.set_ylabel('Amplitude')
ha.set_title('Meu Exemplo')
ha.grid(axis='both')

plt.show()
```

Figura 7.7: Criando um gráfico simples em Python com o pacote `matplotlib`.

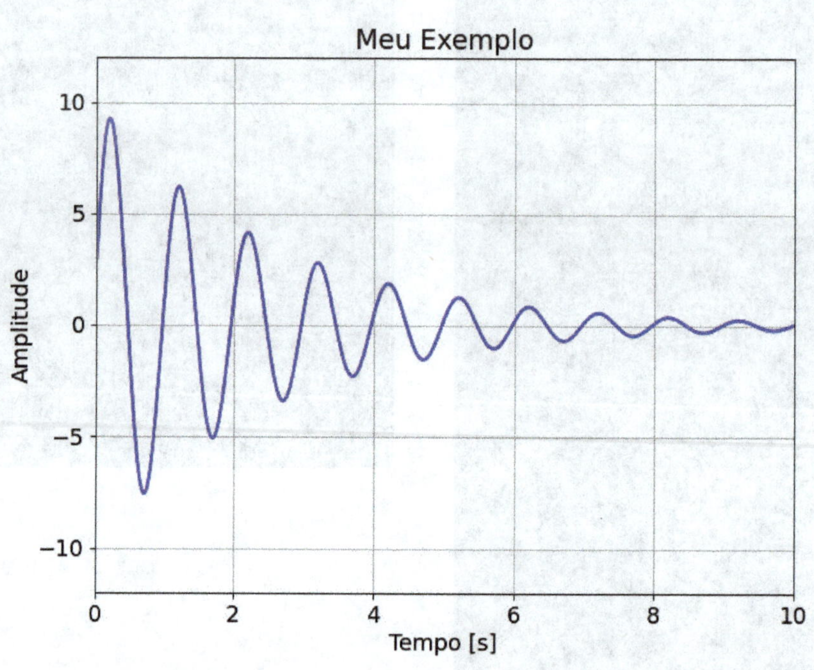

Figura 7.8: Gráfico criado com o script da Figura 7.7.

importante frisar neste ponto que a janela só será exibida quando o comando da linha 29 (`plt.show()`) for executado. Antes dele, os objetos são criados apenas na memória do computador.

Após a criação da figura, na linha 11 é utilizado o comando `plot(t, y)` para criar o gráfico da curva. A criação do gráfico acaba por criar também a janela, se ela ainda não tiver sido criada, e um par de eixos, cujo *handle* é armazenado na linha 12, através do comando `gca()`.

É possível notar, na sequência dos comandos utilizados nas linhas 10 a 12, a semelhança (totalmente intencional) dos comandos com os presentes no MATLAB®. A partir deste ponto, o nome dos atributos e a forma de configurá-los segue uma forma própria do Python[1]. Porém, a semelhança com o MATLAB® continua a ser notável.

Na linha 15, a função `set_facecolor` configura a cor de fundo da janela (pois é chamada a partir do *handle* `hf`). Ela aceita algumas cores através de seus nomes padrão em inglês, como o usado na linha 15, ou ainda um vetor (lista Python) com três valores de 0 a 1 no padrão *rgb*, como o utilizado no MATLAB® e no Scilab.

Com relação aos parâmetros da curva, é necessário configurar a espessura da linha e sua cor. Isso é feito nas linhas 18 e 19, através das funções `set_linewidth` e `set_color`. A primeira função aceita um valor escalar para definir a espessura da linha, enquanto a segunda aceita cores, conforme o padrão da função `set_facecolor`.

Já com relação aos eixos, os limites dos eixos são configurados através das funções `set_xlim` e `set_ylim`. Ambas as funções aceitam vetores (listas Python) com duas posições sendo a primeira o valor mínimo e a segunda o valor máximo.

Os títulos dos eixos x, y e do gráfico em geral são configurados com as funções `set_xlabel`, `set_ylabel` e `set_title`, respectivamente.

A grade de referência é criada através do comando `grid`, na linha 27, no qual o parâmetro `axis` (alterado através da chamada por palavra-chave), aceita o valor `'x'` (para linhas apenas no eixo x), `'y'` (para linhas apenas no eixo y) ou o valor `'both'` para linhas em ambos os eixos.

Por fim, o último comando deve ser o `show()` para que o gráfico seja, finalmente, exibido. O programa ficará em execução enquanto o gráfico estiver aberto, e só terminará sua execução quando a janela do gráfico for

[1]Neste caso todos os parâmetros são configurados através de funções cujo nome se inicia com `set`, e que possuem a função específica de alterar este parâmetro. Isto, em orientação a objetos, é chamado de encapsulamento.

fechada.

7.3 Criando Gráficos com Múltiplos Elementos e Legenda

Uma excelente finalidade das plataformas ou linguagens de programação científicas é a possibilidade de permitir que diferentes elementos gráficos sejam desenhados sobre a mesma tela. As finalidades para isso são as mais diversas.

Portanto, é necessário que sejam criados gráficos nos quais se possa diferenciar visualmente as linhas e criar legendas para identificar cada uma delas. Isso é feito nos exemplos a seguir, onde se representa a função exponencial e^x e suas aproximações linear e quadrática.

Nas Figuras 7.9 e 7.10 este exemplo é implementado em MATLAB®. O código do script é bastante extenso, pois várias características das curvas e do próprio gráfico são personalizadas.

Nas linhas de 5 a 8 do script, cria-se os vetores de dados. O vetor `x` contém as coordenadas x dos pontos (comum às três curvas). O vetor `y` contém os valores y da curva $y = e^x$, enquanto o vetor `y1` possui a aproximação linear desta curva e o vetor `y2` possui sua aproximação quadrática.

Da mesma forma como foi feito em exemplos anteriores, nas linhas 10, 11 e 12 se cria a janela e a curva a se plotar e se armazena os *handles* da janela, da curva e dos eixos em variáveis específicas. Neste ponto se deve lembrar que é desejado representar várias curvas no gráfico. O `plot` executado na linha 11 é referente a apenas uma destas curvas.

O primeiro `plot`, realizado na linha 11, acaba por criar um conjunto de eixos que antes não existia. Isso acaba por facilitar a programação. Contudo, estes eixos possuem um parâmetro chamado de `NextPlot` cujo valor padrão é `'replace'`. Isto quer dizer que, se um novo comando `plot` for executado em sequência, o eixo fará com que o conjunto de pontos do segundo `plot` substitua o conjunto informado pelo primeiro. Ou seja, a primeira curva será apagada e o gráfico irá conter apenas a segunda curva.

Para que isso não aconteça, é necessário alterar o valor do parâmetro `NextPlot` dos eixos para `'add'`. Isso é feito na linha 14. Assim, quando novos comandos `plot` forem executados em sequência, os eixos agora adicionarão as novas curvas sem apagar as antigas, fazendo com que todas permaneçam no mesmo gráfico.

Script MATLAB® executado:

```
clear variables
close all
clc

x = linspace(0,3,20);
y = exp(x);
y1 = 1+x;
y2 = 1+x+x.^2/2;

hf = figure();
hc1 = plot(x,y);
ha = gca();

ha.NextPlot = 'add';
hc2 = plot(x,y1);
hc3 = plot(x,y2);
ha.NextPlot = 'replace';

hc1.Color = [0 0 0];
hc1.LineStyle = '--';
hc1.LineWidth = 2;

hc2.Color = [0 1 0];
hc2.LineStyle = '-';
hc2.Marker = 'd';

hc3.Color = [1 0 0];
hc3.LineStyle = '-.';
hc3.Marker = 'p';

ha.XLim = [0 3];
ha.YLim = [0 20];

hf.Color = [1 1 1];

ha.XGrid = 'on';
ha.YGrid = 'on';
ha.FontSize = 16;

hl = legend([hc1 hc2 hc3],...
    {'e^x','Aprox. Linear','Aprox. Quadratica'});

hl.Location = 'northwest';
```

Figura 7.9: Plotando um gráfico no MATLAB® com múltiplas curvas e legenda.

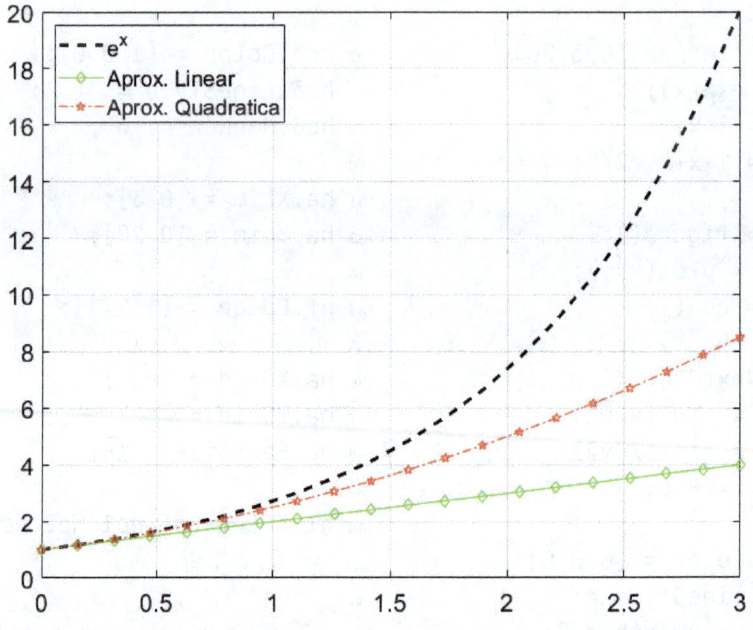

Figura 7.10: Gráfico gerado com o script da Figura 7.9.

Uma vez que este parâmetro foi alterado, pode-se executar os próximos comandos `plot` referentes às outras curvas. Isso é feito nas linhas 15 e 16. Na linha 17, por segurança, se retorna o valor do parâmetro `NextPlot` dos eixos para `'replace'`.

Deste ponto em diante se inicia a alteração dos parâmetros das linhas do gráfico. As linhas permitem que se altere o estilo de linha (`LineStyle`) e o estilo de marcador (`Marker`). As linhas conectam os pontos do gráfico, enquanto os marcadores são símbolos pontuais que são desenhados sobre cada ponto.

Nas linhas 19 a 21, faz-se com que a primeira curva (e^x) seja preta (linha 19), tracejada (linha 20) e com espessura 2 (linha 21).

Nas linhas 23 a 25 são configuradas as características da curva da aproximação linear. Faz-se com que ela seja verde (linha 23), com linha contínua (linha 24) e marcador do tipo diamante (linha 25).

Nas linhas 27 a 29 são configuradas as características da curva da aproximação quadrática. Ela é definida como vermelha (linha 27), do tipo traço-ponto (linha 28) e com marcador do tipo pentagrama (linha 29).

Nas linhas 30 e 31 se define os limites de cada eixo, sendo de 0 a 3 para o eixo x e de 0 a 20 para o eixo y. A cor de fundo da janela é definida como branca na linha 34. As linhas de grade em x e y são habilitadas nas linhas 36 e 37, e o tamanho de todas as fontes (de texto) é definido como 16 na linha 38.

A legenda dos dados é finalmente criada na linha 40. Esta criação é feita através da função `legend`. O primeiro argumento passado para a função é um vetor linha contendo os *handles* das curvas que se deseja incluir na legenda (pois em alguns casos não se inclui todas as curvas). O segundo parâmetro é uma `cell` de mesmo tamanho do vetor de *handles* contendo, em cada posição, o texto da legenda referente ao respectivo *handle*.

Depois disso, na linha 43, se define a localização da legenda no gráfico. A localização da legenda pode ser realizada em 9 pontos, sendo um deles o centro (`'center'`) e os outros 8 os pontos cardeais e colaterais (`'north'`, `'south'`, `'east'`, `'west'`, `'northeast'`, `'northwest'`, `'southeast'` e `'southwest'`).

É importante observar que a legenda dos dados já captura todas as informações gráficas relevantes de cada uma das curvas para criar a representação da legenda. Há diversas formas de se configurar cada curva, e estimula-se o leitor a pesquisar no `help` do MATLAB® para compreender todas as configurações que podem ser realizadas.

O mesmo exemplo é resolvido em Scilab, e a resolução e o gráfico resultante são mostrados nas Figuras 7.11 e 7.12. Nas linhas 5 a 8 se cria as curvas, da mesma forma que no exemplo em MATLAB®.

Script Scilab executado:

```
1 clear
2 close(winsid())
3 clc
4
5 x = linspace(0,3,20)
6 y = exp(x)
7 y1 = 1+x
8 y2 = 1+x+x.^2/2
9
10 hf = figure()
11 hc1 = plot(x,y)
12 hc2 = plot(x,y1)
13 hc3 = plot(x,y2)
14 ha = gca()
15
16 hf.background = 8
17
18 hc1.foreground = 1
19 hc1.line_style = 8
20 hc1.thickness  = 3
21
22 hc2.foreground = 3
23 hc2.line_style = 1
24 hc2.mark_mode  = 'on'
25 hc2.mark_style = 5
26 hc2.mark_size  = 10
27 hc2.mark_foreground = 3
28 hc2.mark_background = 0
29
30 hc3.foreground = 5
31 hc3.line_style = 4
32 hc3.mark_mode = 'on'
33 hc3.mark_style = 14
34 hc3.mark_size = 10
35 hc3.mark_foreground = 5
36 hc3.mark_background = 0
37
38 ha.data_bounds = [0  0
39                   3 20]
40
41 ha.grid = [1 1]
42 ha.font_size = 5
43
44 hl = legend([hc1, hc2, hc3
       ],['e^x','Aprox. Linear'
       ,'Aprox. Quadrática'])
45
46 hl.legend_location = '
       in_upper_left'
47 hl.background = 8
```

Figura 7.11: Plotando um gráfico no Scilab com múltiplas curvas e legenda.

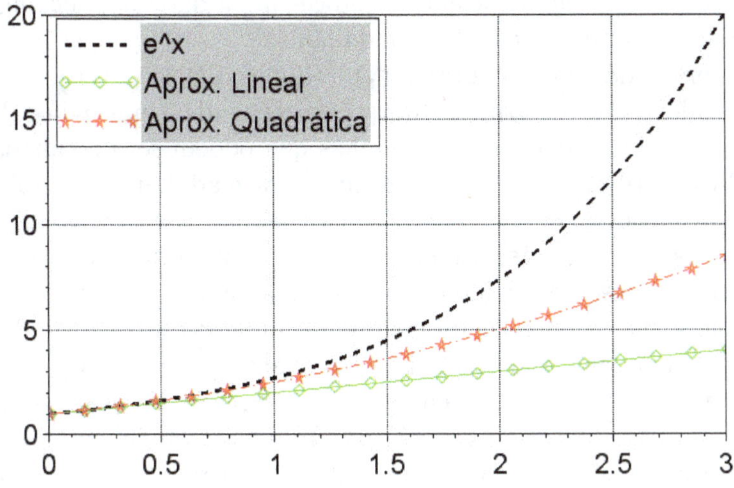

Figura 7.12: Gráfico gerado com o script da Figura 7.11.

Na linha 11 do código, a função `plot` é usada pela primeira vez. Neste uso, como nenhum objeto de eixo existia na memória, esta função cria o objeto de eixo e aloca neste objeto a curva dada pelos pontos armazenados nos vetores `x` e `y`.

Ao contrário do MATLAB®, quando um objeto de eixo é criado no Scilab e um novo comando `plot` é executado em seguida, a nova curva é armazenada no mesmo objeto de eixo já existente. Por isso, a execução dos comandos `plot` em sequência, nas linhas 11, 12 e 13 já faz com que todas as curvas sejam alocadas no mesmo gráfico.

Na linha 14, utiliza-se o comando `gca()` para capturar o *handle* para o objeto de eixo que contém as curvas. No Scilab é necessário invocar o comando `gca()` com os parênteses. Caso contrário o Scilab fará a atribuição do ponteiro da função `gca` na variável `ha`[2].

Deste ponto em diante, a maioria das propriedades que se deseja personalizar está relacionada a um índice de algum vetor de referência. No

[2]Armazenar um ponteiro de função em uma variável permite que, de maneira simples, se troque o nome da função pelo nome da variável em questão. No caso, se a linha 14 fosse trocada por `ha = gca`, a variável `ha` armazenaria o ponteiro para a função `gca`. Desta forma, invocar o comando `ha()` resultaria no mesmo que invocar o comando `gca()`.

caso das variáveis de cores (linhas 16, 18, 27, 28, 30, 35, 36 e 47), os valores das variáveis estão associados a índices linha da matriz `color_map`, armazenada na variável `hf` (o *handle* da janela).

As propriedades do tipo `line_style` (linhas 19, 23 e 31) podem receber um valor inteiro entre 1 e 10, que corresponde a um índice de um vetor que possui diferentes tipos de linhas que podem ser desenhadas no gráfico. Neste utilizou-se os valores 8 (linha tracejada), 1 (linha sólida) e 4 (linha traço-ponto).

O parâmetro `thickness` (linha 20) já foi explorado anteriormente e seu valor não representa um índice de vetor, mas sim a espessura da linha. Quanto maior seu valor, mais espessa será a linha desenhada.

O parâmetro `mark_mode` possui o valor `'off'` por padrão, e deve ser alterado para `'on'`, quando, na curva a ser desenhada, deseja-se desenhar em cada ponto um marcador específico. Isso é feito nas linhas 24 e 32.

Já o parâmetros `mark_style` (linhas 25 e 33) segue a mesma lógica de ser um índice de um vetor com os valores padrão para esta variável. Os valores aceitos neste caso são valores de 0 a 14. Na linha 25 se utilizou o valor 5 ($\diamond$) e na linha 33 foi utilizado o valor 14 ($\star$).

Após as configurações dos parâmetros de cada linha, configura-se, na linha 80 os limites de cada eixo. Isso é feito através da atribuição de uma matriz à variável `data_bounds` dos eixos. Esta matriz deve possuir duas linhas, sendo que na primeira se insere o valor mínimo de cada eixo e na segunda o valor máximo. A primeira coluna deve conter os valores referentes ao eixo x (0 e 3) e a segunda os valores referentes ao eixo y (0 e 20).

Na linha 41 se habilita as linhas de referência em x e y através da atribuição do valor `[1 1]` à variável `grid` dos eixos. Cada posição do vetor habilita as linhas de referência nos eixos x e y, respectivamente. Se o valor for `-1` em alguma posição, a linha de referência naquele eixo é desabilitada.

Na linha 42, configura-se o tamanho da fonte do gráfico como 5, através do parâmetro `font_size` presente nos eixos. Como já dito anteriormente, o tamanho de fonte no Scilab não segue o padrão encontrado na maioria dos editores de texto comerciais. O valor 5 produz o resultado mostrado na Figura 7.12.

Na linha 44, cria-se o objeto de legenda através da função `legend`. Esta função recebe dois argumentos, sendo o primeiro uma lista[3] com os

[3]Tecnicamente, valores entre colchetes quadrados, no Scilab, criam uma estrutura

handles de cada curva, e o segundo uma lista com strings indicando o texto a ser exibido para cada curva, respectivamente. Seu uso cria o retângulo interno ao gráfico da Figura 7.12, no qual são indicadas as legendas de cada curva.

Como no MATLAB®, não é necessário incluir todas as curvas na legenda. Pode-se incluir apenas os *handles* das curvas desejadas. As curvas serão incluídas na legenda na ordem em que forem informados os *handles*.

Na linha 46 utiliza-se o *handle* do objeto de legenda para alterar sua localização. A localização é feita através da alteração do valor do parâmetro `legend_location`. O valor `'in_upper_left'` sinaliza que a legenda deve ser localizada dentro dos eixos, no canto superior esquerdo. Pode-se trocar as palavras "*in*" por "*out*", "*upper*" por "*lower*" e "*left*" por "*right*" para obter os respectivos resultados da tradução destes termos para o Português.

O parâmetro `legend_location` também aceita outros valores como `'upper_caption'`, `'lower_caption'` e `'by_coordinates'`. O primeiro valor coloca a legenda acima do gráfico, à esquerda, o segundo a coloca abaixo do gráfico, à esquerda, e o último permite o posicionamento do canto superior esquerdo do retângulo da legenda em um ponto específico da janela. Para este posicionamento é necessário alterar o parâmetro `position` do objeto de legenda que recebe um vetor de duas posições com dois valores de 0 a 1. Estes valores representam as posição do canto superior esquerdo do retângulo da legenda na janela do gráfico, sendo que o valor `[0, 0]` representa o canto superior esquerdo da janela, e o valor `[1, 1]` representa o canto inferior direito. A primeira posição deste vetor representa o posicionamento horizontal e a segunda o posicionamento vertical.

Finalmente, na linha 47 se define que o fundo do retângulo das legendas deve ser da cor branca.

Também é possível implementar exatamente o mesmo exemplo em Python. Esta implementação é mostrada nas Figuras 7.13 e 7.14. Para implementar este exemplo se utiliza os pacotes `numpy`, para cálculos, e `matplotlib.pyplot` para representar os gráficos. O pacote `numpy` é renomeado por `np` e o `matplotlib.pyplot` por `plt`, por simplicidade.

Na linha 4 do script da Figura 7.13, como no caso anterior (Figuras 7.7 e 7.8), é necessário alterar o parâmetro de classe `font.size` do pacote `plt` para que o tamanho de fonte de todos os objetos subsequentes já

de dados chamada "lista", e não um vetor.

Script Python executado:

```
import numpy as np
import matplotlib.pyplot as plt

plt.rcParams.update({'font.size': 16})

x = np.linspace(0, 3, 20)
y = np.exp(x)
y1 = 1+x
y2 = 1+x+x**2/2

hf = plt.figure()
hc1 = plt.plot(x, y)
hc2 = plt.plot(x, y1)
hc3 = plt.plot(x, y2)
ha = plt.gca()

hf.set_facecolor([1, 1, 1])

hc1[0].set_color([0, 0, 0])
hc1[0].set_linestyle('--')
hc1[0].set_linewidth(2)

hc2[0].set_color([0, 1, 0])
hc2[0].set_linestyle('-')
hc2[0].set_linewidth(1)
hc2[0].set_marker('d')
hc2[0].set_markersize(8)
hc2[0].set_markeredgewidth(1)
hc2[0].set_markerfacecolor('none')

hc3[0].set_color([1, 0, 0])
hc3[0].set_linestyle('-.')
hc3[0].set_linewidth(1)
hc3[0].set_marker('*')
hc3[0].set_markersize(9)
hc3[0].set_markeredgewidth(1)
hc3[0].set_markerfacecolor('none')

ha.set_xlim([0, 3])
ha.set_ylim([0, 20])

ha.grid(axis='both')

hl = plt.legend([hc1[0], hc2[0], hc3[0]],
                ['e^x', 'Aprox. Linear', 'Aprox. Quadratica'],
                loc='upper left')

plt.show()
```

Figura 7.13: Plotando um gráfico no Python com múltiplas curvas e legenda.

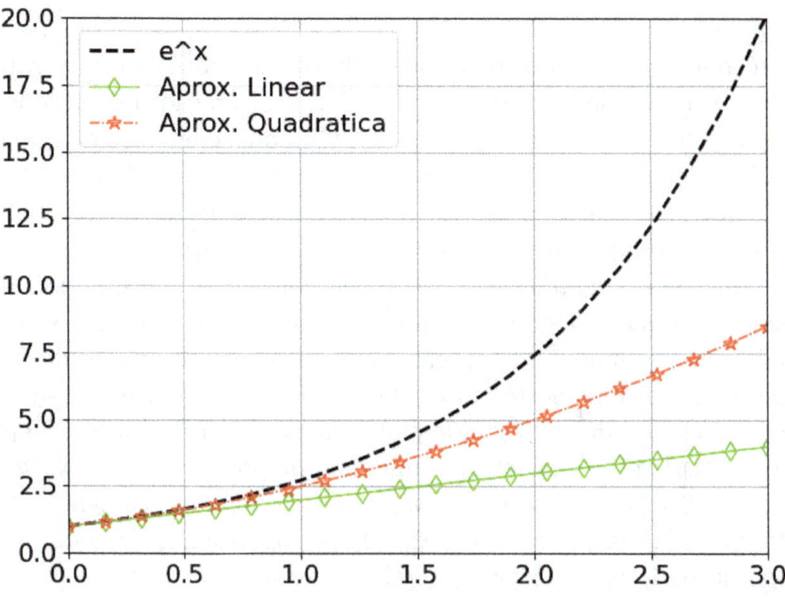

Figura 7.14: Plotando um gráfico no Python com múltiplas curvas e legenda.

possua o mesmo valor.

Nas linhas 6 a 9 são criados os vetores de dados das curvas a serem plotadas como feito nas outras linguagens. Além disso, a função `plot` funciona da mesma maneira que no Scilab, ou seja, da primeira vez que esta função é utilizada, se nenhum objeto de eixo existe, este é criado. Das próximas vezes, se o objeto de eixo já existe, as novas curvas são adicionadas a este objeto de eixo. Desta forma, os comandos `plot` podem ser executados em sequência, como realizado nas linhas 12, 13 e 14. Na linha 11 se cria a janela na qual os gráficos serão representados e na linha 15 se armazena o *handle* do objeto de eixo em `ha` utilizando a função `gca()`.

Deste ponto em diante, o pacote `matplotlib` adota uma estratégia de utilizar funções de encapsulamento para a alteração dos parâmetros de cada objeto, o que está diretamente alinhado com o paradigma de orientação a objetos. Na linha 17 se utiliza a função `set_facecolor`, do objeto de janela, para que sua cor de fundo seja branca. O argumento a se passar é um vetor com três valores de 0 a 1 no padrão *rgb*.

Com relação aos *handles* das curvas, há dois comentários importantes a se fazer. O primeiro é que tecnicamente, em Python, eles não são chamados de *handles*, mas sim "ponteiros", no caso para os objetos de curva. Mesmo assim se utiliza neste material o termo *handle* por expressar bem a ideia a ser explorada. O segundo é que quando se utiliza a função `plot` do pacote `matplotlib`, ela retorna uma lista de ponteiros para objetos de curva, pois há formas de se plotar várias curvas simultaneamente. Aqui, como foi plotada uma curva por vez, a lista possui um argumento, e por isso, quando se deseja utilizar o ponteiro que está nesta lista é necessário utilizar o índice `[0]`. Isso explica o ocorrido nas linas 19 a 37.

Os três ponteiros para curvas são ponteiros para o mesmo tipo de objeto, por isso se pode chamar as mesmas funções (tecnicamente, métodos) a partir de cada um deles. Por isso, a seguir se explica o uso das funções em particular.

A função `set_color` (linhas 19, 23 e 31) altera a cor da linha a ser desenhada e recebe como parâmetro um vetor com três posições com valores de 0 a 1 no padrão *rgb*. Para algumas cores padrão ela também aceita uma string com o nome da cor em inglês (ex: *red*, *black*, *white*, *green*, *blue*, *yellow*, *cyan* e *magenta*).

A função `set_linestyle` altera o estilo da linha a ser desenhada. Na linha 20 se escolhe uma linha tracejada, na linha 24 uma linha contínua (que é o valor padrão), e na linha 32 se escolhe um padrão traço-ponto. Há outras configurações possíveis, e se estimula o leitor a procurar pela documentação do pacote `matplotlib` para conhecer todas as formas possíveis.

A função `set_linewidth` (linhas 21, 25 e 33) altera a espessura da linha a ser desenhada. O argumento de entrada é um valor numérico. Quanto maior este valor, mais espessa a linha.

As curvas cujos ponteiros estão armazenados em `hc2[0]` e `hc3[0]` possuem também marcadores desenhados em cada ponto. Por isso, se utiliza funções que configuram os parâmetros desejados para cada marcador.

A função `set_marker` (linhas 26 e 34) seleciona o marcador a ser utilizado. O valor padrão é `'none'`, mas na linha 26 se escolhe o marcador do tipo diamante (através do valor `'d'`) e na linha 34 o marcador tipo estrela (através do valor `'*'`).

Para escolher o tamanho de cada marcador se utiliza a função `set_markersize` (linhas 27 e 35). Esta função também recebe um valor numérico, e, quanto maior o valor, maior o tamanho do marcador.

Os marcadores são desenhados com uma linha em sua borda. É possível alterar a cor desta linha utilizando a função `set_markeredgewidth`. Esta função também recebe valores numéricos, e, quanto maior o valor, maior a espessura da linha. A cor da linha dos marcadores será a mesma da cor da linha da curva.

No caso das curvas do exemplo da Figura 7.14, os marcadores não possuem cor interna. Contudo, seria possível preenchê-los com cores através da função `set_markerfacecolor`. O valor `'none'`, utilizado nas linhas 29 e 37, faz com que os marcadores não sejam preenchidos com cor. Contudo, esta função aceita cores da mesma forma que as funções `set_color` das curvas e `set_facecolor` da janela.

Os limites dos eixos são configurados através das funções `set_xlim` e `set_ylim`, do objeto de eixo. Esta função aceita um vetor de duas posições com os valores mínimo e máximo admissível para cada eixo.

Na linha 42 se configura as linhas de referência através da função `grid` do objeto de eixo. Neste caso é necessário invocar o parâmetro `axis` por palavra-chave e atribuir a ele o valor desejado. O valor `'x'` cria linhas de referência somente no eixo x, o valor `'y'` cria linhas de referência somente no eixo y e o parâmetro `'both'` cria linhas de referência em ambos os eixos. Caso não se deseje linhas de referência, basta não invocar esta função.

Na linha 44 se cria o objeto de legenda através da função `legend`, do pacote `plt`[4]. O primeiro argumento é uma lista com os ponteiros dos objetos de curva que se deseja incluir na legenda, e o segundo uma lista de strings que representam os textos a serem atribuídos a cada uma das curvas, respectivamente. O terceiro argumento é chamado através de palavra chave, e nele se altera o valor do parâmetro `loc`, que representa a localização do objeto de legenda. Estimula-se o leitor, novamente, a acessar a documentação do pacote `matplotlib` para compreender todas as possibilidades.

Por fim, na linha 48, o comando `plt.show()` exibe a janela com os gráficos e todas as configurações escolhidas.

7.4 Outros Comentários Sobre a Criação de Gráficos

A criação de gráficos é uma ferramenta essencial de uma linguagem de programação científica. A boa visualização dos dados é, comumente, uma chave para o bom andamento das investigações científicas de diversos fenômenos.

Ambas as linguagens exploradas neste material são capazes de criar gráficos muito mais complexos do que os mostrados neste material. É possível criar gráficos de barras, linhas, pontos superfícies, campos vetoriais, curvas de nível e muitos outros. Além disso, é possível colorizar elementos como vetores, linhas, superfícies e pontos baseando-se em seu valor, o que torna as visualizações ainda mais interessantes.

Cobrir todas estas possibilidades neste material o tornaria muito extenso. Além disso, haveria um grande desvio do objetivo primordial deste material, que é o de ser um material de fácil leitura, e que permita com que o leitor, que é iniciante em uma ou mais linguagens, consiga fazer as tarefas mais essenciais. A partir do que é mostrado neste material (não só na parte de plotagem de gráficos, mas em todos os tópicos), o leitor pode explorar as documentações e fóruns de cada linguagem para poder acessar funcionalidades ainda mais poderosas do que as mostradas aqui.

Com relação à criação de gráficos, especificamente, é possível observar em ambas as linguagens que os códigos para configurar todos os detalhes desejados se tornam longos, e muitas vezes repetitivos. Para melhorar este aspecto, o leitor pode implementar funções próprias que configuram

[4]Ou seja, do pacote `matplotlib.pyplot`.

diferentes estilos de linha, por exemplo. Esta função tomaria como argumento de entrada um *handle* de objeto de curva e poderia retornar este *handle* com as propriedades já alteradas conforme um estilo desejado.

O que é altamente recomendado, é que o programador sempre crie seus gráficos de forma que os eixos e as curvas sempre estejam muito bem identificados. Desta forma, a leitura das informações fica mais direta, e se evita a extração de conclusões incorretas a respeito de um conjunto de dados.

www.ingramcontent.com/pod-product-compliance
Lightning Source LLC
LaVergne TN
LVHW052006160826
845678LV00005B/1666

9786500487732